오준석의

플러터
생존코딩

개정판

오준석 지음

한빛미디어
Hanbit Media, Inc.

오준석의 플러터 생존코딩(개정판)

Flutter와 Dart 입문부터 안드로이드와 iOS용 3가지 앱 개발까지

초판 1쇄 발행 2020년 03월 01일
개정판 1쇄 발행 2021년 5월 28일
개정판 2쇄 발행 2022년 3월 21일

지은이 오준석 / **베타리더** 문주현 / **펴낸이** 김태헌
펴낸곳 한빛미디어(주) / **주소** 서울시 서대문구 연희로2길 62 한빛미디어(주) IT출판부
전화 02-325-5544 / **팩스** 02-336-7124
등록 1999년 6월 24일 제 25100-2017-000058호 / **ISBN** 979-11-6224-437-1 93000

총괄 전정아 / **책임편집** 홍성신 / **기획 · 편집** 김대현
디자인 박정화 / **전산편집** 다인
영업 김형진, 김진불, 조유미 / **마케팅** 박상용, 송경석, 이행은, 고광일, 성화정 / **제작** 박성우, 김정우

이 책에 대한 의견이나 오탈자 및 잘못된 내용에 대한 수정 정보는 한빛미디어(주)의 홈페이지나 아래 이메일로
알려주십시오. 잘못된 책은 구입하신 서점에서 교환해드립니다. 책값은 뒤표지에 표시되어 있습니다.

한빛미디어 홈페이지 www.hanbit.co.kr / **이메일** ask@hanbit.co.kr

지금 하지 않으면 할 수 없는 일이 있습니다.
책으로 펴내고 싶은 아이디어나 원고를 메일(writer@hanbit.co.kr)로 보내주세요.
한빛미디어(주)는 여러분의 소중한 경험과 지식을 기다리고 있습니다.

오준석의
플러터
생존코딩

개정판

오준석 지음

★ ★ ★ ★ ★ ★
소문난 명강의 시리즈 소개

이 시리즈는 단기간에 실무 능력을 갖추게 도와줍니다. 유튜브, 블로그, 학원, 대학 등에서 이미 검증된 강의 본연의 장점을 극대화하고 더 체계화해 책으로 담았습니다. 입문자 눈높이에서 설명하고 작고 실용적인 프로젝트를 수행해 실전 능력을 키워줍니다. 빠르게 개발 능력을 배우려는 입문자와 더 다양한 경험을 쌓으려는 기존 개발자에게 유용합니다.

한빛미디어
Hanbit Media, Inc.

지난 10년간 모바일 앱 개발 플랫폼은 안드로이드와 iOS로 양분화되어 발전했습니다. 모바일 앱 시장도 덩달아 성장해 안드로이드와 iOS 개발자 수요는 여전히 많습니다. 저는 이러한 수요에 힘입어 지난 10년간 안드로이드 개발과 교육을 주로 해왔으며 때로는 iOS 개발도 했습니다.

서비스를 기획하여 제품으로 만드는 데 홈페이지와 더불어 모바일 앱은 필수입니다. 그런데 모바일 앱을 만들려면 안드로이드와 iOS 앱을 각각 만들어야 합니다. 그러려면 각 플랫폼 개발 환경에서 사용하는 언어를 알아야 합니다. 안드로이드는 자바 또는 코틀린을 배워야 하고, iOS는 스위프트 또는 오브젝티브-C를 배워야 합니다. 이 경우 일반적으로 서비스 하나를 앱으로 제공하려면 개발자가 최소 2명 필요합니다.

한 번 개발로 안드로이드와 iOS 앱을 한 번에 대응하려는 바람은 모바일 앱 초기부터 있었습니다. 다양한 크로스 플랫폼 프레임워크가 등장하고 사라졌으며, 2017년 5월 구글에서 플러터Flutter를 발표했습니다. 플러터를 만나기 전까지 네이티브 앱이 항상 최고의 퍼포먼스를 이끌어낸다고 알고 있기에 네이티브 개발을 고집했는데 플러터를 접하고 나서 가능성을 보게 되었습니다. 일단 코딩이 너무 즐거웠습니다. 쉬웠기 때문입니다. 하지만 플러터로 복잡한 서비스를 개발하다 보니 불안감이 스멀스멀 올라왔습니다.

"역시 네이티브가 답이야. 아냐 플러터가 더 좋은 것 같아."

앱을 개발하면서 플러터에 대한 신뢰가 수없이 엇갈렸습니다. 개인적인 결론을 먼저 말씀드리겠습니다. 생산성과 퍼포먼스를 모두 생각했을 때 반드시 네이티브가 정답은 아니었습니다. 개발하려는 서비스에 강력한 성능이 꼭 필요하지 않다면 반드시 네이티브 앱 개발을 고집할 필요는 없습니다. 플러터가 있으니까요.

온라인과 오프라인 강의를 진행하면서 초보자도 플러터라면 더 쉽게 앱 개발을 시작할 수 있겠다는 확신이 생겼습니다. 벌써 제 주변 몇몇 업체도 플러터를 사용해 앱 개발을 시작했습니다. 특히 중소기업에서 플러터에 대한 수요가 늘어날 것으로 보입니다.

이 책을 통해 앱 개발에 실패했던 사람도 입문하는 사람도 재미있게 앱 개발을 할 수 있는 계기가 되길 바랍니다.

오준석

a811219@gmail.com

교육하고 책 쓰는 개발자. 일본에서 개발자로 생활하다 2010년에 귀국해 안드로이드 앱을 개발합니다. 일본 테크시드, 토카이리카, LG전자 등에서 근무했습니다. 현재는 앱을 개발하고, 온라인 교육 플랫폼인 오준석의 생존코딩과 인프런에서 온라인 강의를, 세민직업전문학교에서 오프라인 강의를 합니다. 저서로 『소문난 명강의 : 오준석의 안드로이드 생존코딩』(한빛미디어, 2018), 『될 때까지 안드로이드』(루비페이퍼, 2018)가 있습니다.

▶ 유튜브 채널(오준석의 생존코딩) : youtube.com/c/안드로이드생존코딩
🖥 온라인 강의 플랫폼(오준석의 생존코딩) : survivalcoding.com/

이 책의 특징

입문자와 초보자를 배려한 진행 순서

이 책은 프로그래밍 초보자와 모바일 앱 개발 입문자를 대상으로 합니다. 되도록 쉬운 표현으로 누구나 앱을 개발할 수 있게 설명합니다.

초보자 중심

입문자나 초보자에게 '앱을 만들 수 있다'는 자신감을 심어주는 것이 목표입니다.

올인원 패키지

플러터 동작 원리, 다트 프로그래밍, 객체 지향, 함수형 프로그래밍, 파이어베이스 등을 다룹니다. 이 책 한 권으로 플러터와 다트 입문서를 모두 대체할 수 있습니다.

예제 난이도 안내

예제 난이도를 별 개수로 표현했습니다.

초급 – ★☆☆
중급 – ★★☆
고급 – ★★★

이 책이 다루는 범위

이 책이 다루는 범위는 다음과 같습니다.

개발 환경

_ 개발 환경 구성 방법을 다룹니다.

_ 안드로이드 스튜디오 사용 방법을 다룹니다.

_ 플러터 플러그인 설치 방법을 다룹니다.

플러터 앱 동작 방식

_ 플러터 프로젝트의 구성을 다룹니다.

_ 기본 샘플 앱을 분석해가며 플러터 앱 동작 방식을 이해합니다.

레이아웃 작성

_ 플러터로 앱의 UI를 작성하는 방법을 다룹니다.

_ 자연스럽게 플러터 앱 개발 패턴을 다룹니다.

화면 이동

_ 화면 이동 방식을 이해합니다.

_ 화면 이동을 할 때 데이터도 함께 선달하는 방법을 다룹니다.

다트 언어

_ 변수, 메서드, 클래스 등 기본 문법을 다룹니다.

_ 함수형 프로그래밍, 비동기 프로그래밍 등 고급 문법을 다룹니다.

그 외

_ 플러터 이해를 돕는 간단한 샘플 예제를 다룹니다.

_ 클라우드 서비스인 파이어베이스를 사용하여 실전 앱 예제를 다룹니다.

개발 환경

_ 이 책의 모든 예제는 플러터 2.0 버전과 다트 2.7.0 버전에서 작성했습니다.

_ 맥과 윈도우 환경에서 정상 동작하는 것을 확인했습니다.

_ 스크린샷은 맥 기준으로 소개하지만 윈도우 환경과 차이점은 없습니다.

예제 파일 다운로드

이 책의 예제는 저자의 깃허브와 한빛미디어 홈페이지에서 다운로드할 수 있습니다.

- **깃허브** : github.com/junsuk5/flutter_basic

깃허브에서 예제 코드를 다운로드하는 방법은 다음과 같습니다.

❶ 웹 브라우저로 github.com/junsuk5/flutter_basic에 접속합니다.

❷ 'Clone or download'를 클릭합니다.

❸ 'Download ZIP'을 클릭하여 압축 파일을 다운로드하고 적당한 위치에 압축을 풉니다.

압축을 풀면 각 장에 대한 폴더가 생성됩니다(예제 프로젝트를 작성하지 않는 장은 폴더가 없습니다).

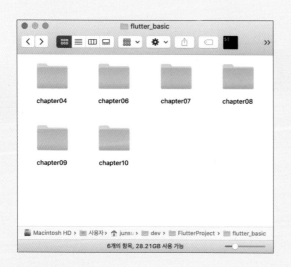

예제 파일 실행 방법

안드로이드 스튜디오 메뉴에서 ❶ 'File > Open'을 클릭하고 다운로드한 예제 폴더를 엽니다.

4장과 11장의 프로젝트는 별도의 라이브러리를 사용하므로 프로젝트를 연 후 ❷ pubspec.yaml 파일을 열고 ❸ Pub get을 실행해야 합니다.

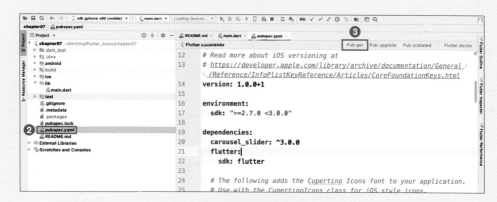

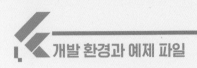

4장과 5장의 예제를 앱 형태로 제공해 동작과 ④ 깃허브 소스를 쉽게 확인할 수 있습니다.

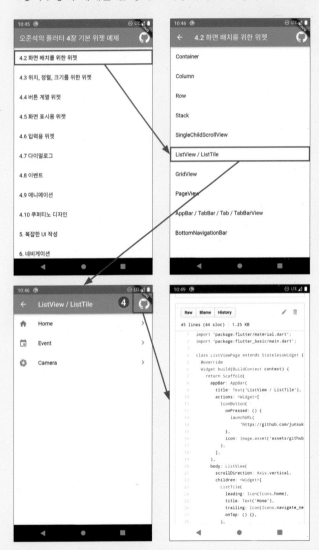

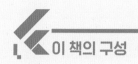

이 책의 구성

이 책은 플러터와 다트를 학습하고 총 3가지 실용 앱을 개발합니다. 1부 '플러터에 입문하기' (0~7장)에서는 플러터와 다트를 이해하는 데 필요한 기초 내용을 알아보고 복잡한 UI를 작성해봅니다. 8장에서는 플러터 2의 달라진 점을 살펴봅니다. 2부 '플러터로 앱 개발하기'(9~11장)에서는 3가지 앱을 만들어보며 플러터로 앱을 개발하는 방법을 알아봅니다.

1부 플러터에 입문하기

0장 : 플러터 개발 환경 준비하기

플러터에 대해 알아보고 플랫폼별 개발 환경을 준비합니다.

1장 : 생애 첫 모바일 앱 생성하기

프로젝트 생성 방법과 에뮬레이터 또는 실제 기기에서 실행하는 방법을 배웁니다.

2장 : 다트 문법

다트 프로그래밍을 배웁니다. 앱이 원하는 대로 동작하려면 프로그래밍이 필요합니다. 플러터에서 주로 사용되는 대부분의 문법을 익힙니다.

3장 : 프로젝트와 앱 구조

첫 플러터 프로젝트를 생성하고 샘플 앱을 분석하면서 플러터 프로젝트의 동작 방식을 이해합니다.

4장 : 기본 위젯 I

플러터가 제공하는 다양한 머티리얼 기본 위젯을 빠르게 훑어봅니다.

5장 : 기본 위젯 II

사용자와 상호작용하는 위젯, 애니메이션 지원 위젯, iOS 스타일의 쿠퍼티노 위젯을 배웁니다.

6장 : 내비게이션

화면 전환을 하고 데이터를 전달하는 방법을 배웁니다. 플러터에서는 화면 전환을 '내비게이션'이라고 부릅니다.

7장 : 복잡한 UI 작성 ★☆☆

플러터로 처음부터 하나씩 UI를 작성하면서 다양한 위젯을 다루는 방법을 배웁니다. 따라하다 보면 자연스럽게 플러터 앱 개발 방법을 배우게 됩니다.

8장 : 플러터 2 변경점

플러터 2부터 지원되는 널 안전성 기능에 대해 다룹니다. 널 안전성을 지원하게 되면 좀 더 안전한 코드를 작성할 수 있습니다.

2부 플러터로 앱 개발하기

9장 : 비만도 계산기 ★☆☆

키와 몸무게를 입력하면 비만도를 표시해주는 앱을 만듭니다. 플러터로 UI와 프로그래밍을 함께 다루는 첫 장입니다. 화면 전환을 하고, 데이터를 전달하고, 계산하여 결과를 도출하는 방법을 배웁니다.

10장 : 스톱워치 ★★☆

스톱워치 앱을 만듭니다. 일정 주기로 반복되는 동작을 어떻게 구현하는지 배웁니다. 버튼을 눌렀을 때 UI가 변경되는 다이내믹한 처리도 배웁니다.

11장 : 할 일 관리 ★★★

기본적인 할 일 관리 앱을 작성하고, 서버 없이도 서버의 기능을 사용할 수 있는 파이어베이스 서비스를 활용하여 클라우드 DB에 저장하는 앱을 만드는 방법을 배웁니다.

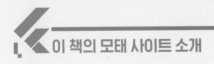

유튜브 채널(오준석의 생존코딩)

유튜브 채널은 9,000명이 넘는 구독자를 보유하고 있으며 안드로이드 네이티브와 플러터 관련 영상을 주로 업로드합니다. 유튜브에는 '될 때까지 안드로이드', 'Flutter 입문', 'Flutter 중급', '모던 안드로이드' 시리즈를 업로드했습니다. 그 외 다양한 장르의 개발 관련 영상을 업로드합니다.

- **유튜브 채널** : youtube.com/c/안드로이드생존코딩

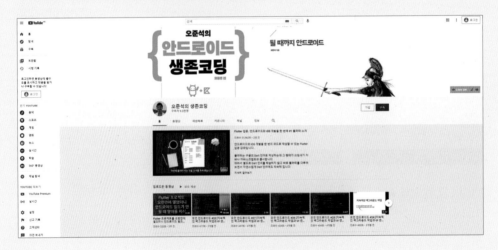

온라인 강의 플랫폼(오준석의 생존코딩)

오준석의 생존코딩이라는 개인 유료 강좌 플랫폼을 운영합니다. 온라인 강의 플랫폼 인프런에서 베스트셀러로 판매되는 'Flutter 입문', 'Flutter 중급' 강좌를 오준석의 생존코딩에서도 제공합니다.

- **오준석의 생존코딩** : survivalcoding.com

'Flutter 입문' 온라인 강좌는 인프런에서 1200개, 생존코딩에서 130개 넘게 판매되었고, 구글의 파이어베이스를 활용한 인스타그램 따라하기 예제를 다룹니다. 'Flutter 중급' 온라인 강좌는 인프런에서만 600개 넘게 판매되었고 네트워크 통신, 상태 관리를 다룹니다. 그 외에 'Flutter 인스타그램 2.0', 'Flutter 응용 - 공공 API를 활용한 앱 만들기' 등의 플러터 강의가 있습니다. 동영상 강의와 책은 소개하는 내용의 범위나 정보를 제공하는 방식이 다르므로 상호보완적입니다.

따라서 이미 온라인 강좌로 수업을 들었더라도 요약, 정돈된 개발 정보를 제공하는 이 책이 도움이 될 겁니다. 반대로 책을 먼저 보더라도 저자의 동영상 강의가 도움이 될 겁니다.

1부
플러터에 입문하기

1부에서 다루는 내용

1부에서는 플러터와 다트를 이해하는 데 필요한 기초 내용을 알아보고 복잡한 UI를 작성해봅니다.

0장 : 플러터 개발 환경 준비하기

플러터에 대해 알아보고 플랫폼별 개발 환경을 준비합니다.

1장 : 생애 첫 모바일 앱 생성하기

프로젝트 생성 방법과 에뮬레이터 또는 실제 기기에서 실행하는 방법을 배웁니다.

2장 : 다트 문법

다트 프로그래밍을 배웁니다. 앱이 원하는 대로 동작하려면 프로그래밍이 필요합니다. 플러터에서 주로 사용되는 대부분의 문법을 익힙니다.

3장 : 프로젝트와 앱 구조

첫 플러터 프로젝트를 생성하고 샘플 앱을 분석하면서 플러터 프로젝트의 동작 방식을 이해합니다.

4장 : 기본 위젯 I

플러터가 제공하는 다양한 머티리얼 기본 위젯을 빠르게 훑어봅니다.

5장 : 기본 위젯 II

사용자와 상호작용하는 위젯, 애니메이션 지원 위젯, iOS 스타일의 쿠퍼티노 위젯을 배웁니다.

6장 : 내비게이션

화면 전환을 하고 데이터를 전달하는 방법을 배웁니다. 플러터에서는 화면 전환을 '내비게이션'이라고 부릅니다.

7장 : 복잡한 UI 작성

플러터로 처음부터 하나씩 UI를 작성하면서 다양한 위젯을 다루는 방법을 배웁니다. 따라하다 보면 자연스럽게 플러터 앱 개발 방법을 배우게 됩니다.

8장 : 플러터 2 변경점

플러터 2부터 지원되는 널 안전성 기능에 대해 다룹니다. 널 안전성을 지원하게 되면 좀 더 안전한 코드를 작성할 수 있습니다.

0장 플러터 개발 환경 준비하기

플러터를 시작하려는 당신! 탁월한 선택이라고 말씀드리고 싶네요. 먼저 플러터가 무엇인지 알아보고 개발 환경을 구축해봅시다.

이 장에서 다루는 내용은 다음과 같습니다.

- 앱 개발 방식 소개
- 플러터 소개
- 개발 환경 구성하기

0.1 앱 개발 방식 소개

스마트폰 앱은 크게 네이티브, 하이브리드, 크로스 플랫폼 방식으로 개발됩니다. 현 시점에서 사실상 스마트폰 운영체제는 안드로이드와 iOS로 양분되어 있습니다. 이 책은 두 운영체제 모두에서 돌아가는 앱을 한 번에 구현하는 플러터를 다룹니다. 플러터처럼 멀티 플랫폼을 제공하는 프레임워크를 사용해야 할 이유가 있을까요? 그 이유를 개발 방식별 특징을 살펴보며 알아봅시다.

다음 그림은 개발 방식에 따른 결과물을 보여줍니다.

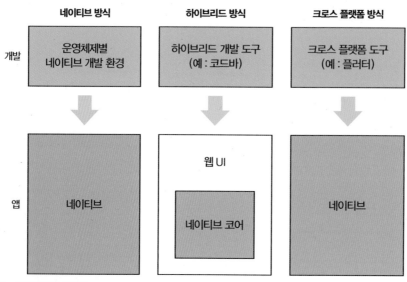

▶ 개발 방식별 결과물

네이티브 방식은 안드로이드나 iOS 같은 플랫폼 자체에서 제공하는 개발 환경으로 개발합니다. 안드로이드는 개발 도구로 안드로이드 스튜디오를, 개발 언어로 자바 또는 코틀린^{Kotlin}을 사용합니다. iOS는 맥OS 환경에서만 개발이 가능하며 개발 도구로 엑스코드^{XCode}, 개발 언어로 스위프트^{Swift} 또는 오브젝티브-C$^{Objective-C}$를 사용합니다. 혼자서 각 플랫폼에 맞는 앱을 네이티브 방식으로 개발하려면 알아야 할 지식이 두 배네요. 그러니 두 플랫폼에 맞는 앱을 각각 네이티브 방식으로 혼자 개발하는 것은 쉬운 일이 아닙니다.

하이브리드 방식은 웹 기술로 앱 화면을 만든 후 네이티브 기술로 감싸서 앱 형태로 포장합니다. 기존의 웹 기술을 활용하고 빠르게 앱으로 변환할 수 있기 때문에 빠른 앱 개발을 할 수 있지만 네이티브 성능에 미치지 못하며, UI 또한 별도로 만들기 때문에 네이티브 앱 느낌을 내지 못합니다.

크로스 플랫폼 방식은 한 번 구현하여 안드로이드와 iOS 등 각 플랫폼용 앱을 만듭니다. 이 방식은 빌드(앱을 완성하는 과정)할 때 네이티브 코드로 변환되기 때문에 결과적으로는 네이티브 방식으로 개발했을 때와 거의 같은 성능을 보장합니다. 생산성과 품질을 모두 고려했을 때 선호하는 방식입니다.

0.2 플러터 소개

플러터는 한 번 코딩으로 여러 플랫폼용 앱을 만드는 크로스 플랫폼 개발 프레임워크입니다. 안드로이드와 iOS뿐 아니라 웹, 데스크톱 앱 개발도 가능합니다. 장점으로는 낮은 진입장벽, 높은 네이티브 성능, 훌륭한 개발 도구 지원, 예쁜 UI를 들 수 있습니다.

- **낮은 진입장벽**
  네이티브 개발에 비해 플러터는 배워야 할 개념이 상대적으로 적어 더 쉽게 앱 개발에 입문할 수 있습니다.
- **높은 네이티브 성능**
  플러터로 작성된 코드는 네이티브 코드로 변환되기 때문에 성능이 네이티브 코드와 동일합니다. 다른 크로스 플랫폼 개발 프레임워크와 다르게 화면 구성에 필요한 UI 구성 요소를 플러터가 직접 그리기 때문에 속도가 빠릅니다. 초당 60프레임 애니메이션을 보장합니다.
- **훌륭한 개발 도구 지원**
  안드로이드 스튜디오에서 개발할 수 있습니다. 안드로이드 스튜디오의 전신인 인텔리제이와 비주얼 스튜디오 코드에서도 플러그인을 설치해 사용할 수 있습니다.

• **예쁜 UI**

안드로이드의 머티리얼 디자인과 iOS의 쿠퍼티노 디자인의 UI 구성 요소를 모두 제공합니다. 따라서 각 플랫폼의 디자인 철학에 맞게 적절하게 조립을 해주면 됩니다. 네이티브 개발이 맨땅에 헤딩을 하는 느낌이라면 플러터는 퍼즐을 맞춰가는 느낌으로 개발을 할 수 있습니다. 각 디자인별 디자인 철학을 알고 싶다면 다음 링크를 참고하세요.

　　– **머티리얼 디자인 :** material.io/
　　– **쿠퍼티노 디자인 :** developer.apple.com/design/

플러터 개발 언어로 다트Dart를 사용합니다. 다트는 구글에서 개발한 언어로 웹 프론트엔드 개발 언어였는데 현재는 플러터 개발에 주로 사용됩니다. 문법은 자바 또는 자바스크립트와 비슷합니다. 2장에서 다트 기본 문법을 알아봅니다.

참고로 플러터는 구글이 개발 중인 차세대 운영체제 퓨시아Fuchsia의 공식 프레임워크이기도 합니다. 따라서 앞으로는 더욱 쓰임새가 많아질 겁니다.

0.3 개발 환경 구성

플러터 개발 환경을 구성해봅시다. 다음과 같은 과정을 거칩니다.

1. 플러터 SDK(소프트웨어 개발 키트) 설치
2. 환경 변수 등록
3. 앱 개발 도구 설치

0.3.1 플러터 SDK 설치

❶ 플러터 웹사이트(flutter.io)에 접속한 뒤 ❷ 우측 상단의 'Get started'를 클릭합니다.

▶ **Get started 클릭**

플러터를 구동해서 개발할 수 있는 운영체제는 다음과 같습니다. 32비트 운영체제에서는 정상적으로 동작하지 않습니다.

- 윈도우 7 SP1 이상(64비트 버전)
- 맥OS
- 리눅스

❸ 다음 화면에서 자신의 PC에 설치된 운영체제를 클릭합니다.

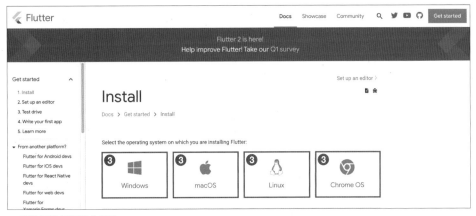

▶ 사용 중인 운영체제 선택

❹ 각 운영체제별 페이지로 들어가 SDK 파일을 다운로드합니다.

▶ SDK zip 파일 다운로드

❺ 다운로드받은 파일을 C:\src 폴더에 압축을 풉니다. flutter 폴더로 압축되어 있어서 예를 들어 C:\src 폴더를 지정하면 C:\src\flutter에 압축이 풀립니다. 압축을 풀 때 C:\Program Files\와 같은 높은 권한이 필요한 위치는 피하는 것이 좋습니다.

0.3.2 환경 변수 등록

플러터 명령 파일은 압축을 푼 폴더 아래 bin 폴더에 들어 있습니다. 이 파일이 들어 있는 경로를 운영체제의 환경 변수에 등록해두면 어디에서나 플러터 명령을 사용할 수 있습니다. 환경 변수 등록 방법은 운영체제별로 조금씩 다릅니다. 자신의 운영체제에 맞게 환경 변수 등록을 해줍니다. 책에서는 윈도우와 맥OS만 다룹니다.

윈도우

윈도우 사용자 변수에 플러터 SDK 위치를 추가하면 터미널(윈도우+R > cmd) 어디에서든 플러터 명령을 사용할 수 있습니다.

❶ '검색'에 '환경 변수'를 입력하고 ❷ '시스템 환경 변수 편집'을 클릭합니다.

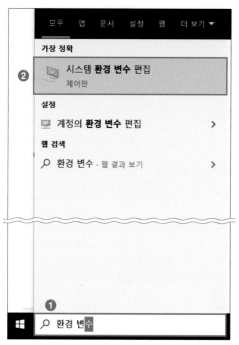

▶ 환경 변수 편집 도구 검색

'시스템 속성' 창이 뜨면 ❸ '고급' 탭에서 ❹ '환경 변수(N)...'를 선택합니다.

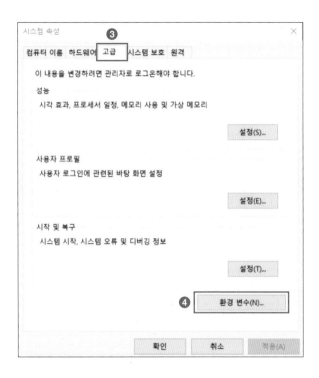

'환경 변수' 창에서 ❺ 'Path'를 선택한 후 ❻ '편집' 버튼을 클릭합니다.

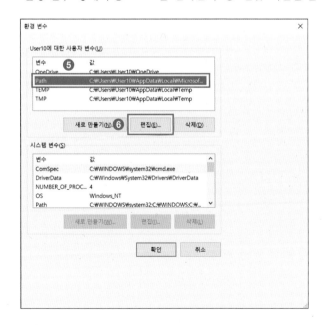

❼ '찾아보기'를 클릭하고 플러터 SDK의 bin 폴더 위치를 선택합니다. ❽ '확인' 버튼을 눌러 설정 창을 모두 닫습니다.

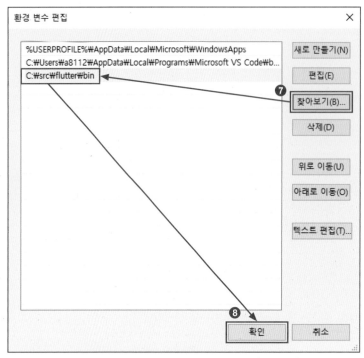

▶ 사용자 변수 > Path 편집 > Flutter SDK 위치 추가 > 확인 (윈도우10)

❾ '검색' 창에 'cmd'를 입력해 터미널을 실행시킨 후 ❿ 'flutter --version'을 입력합니다. 환경 설정이 제대로 되었다면 다음과 같이 플러터 버전을 출력할 겁니다.

```
C:\Users\hwchoi>flutter --version
Flutter 2.0.0•channel stable•github.com/flutter/flutter.git
Framework•revision 68587a0916 (3 months ago)•2019-09-13 19:46:58 -0700
Engine•revision b863200c37
Tools•Dart 2.12.0
```

맥OS, 리눅스

~/dev/flutter에 압축을 풀었다고 가정하겠습니다. 터미널에서 다음 명령을 실행하여 현재 환경 변수에 플러터 SDK 위치를 추가합니다.

```
$ export PATH="$PATH:`pwd`/flutter/bin"
```

터미널에 'flutter --version'을 입력해 환경 변수 등록을 확인할 수 있습니다.

0.3.3 앱 개발에 필요한 도구 설치

플러터 개발에 사용할 도구로 다음과 같은 IDE(통합 개발 환경)를 지원합니다.

- **안드로이드 스튜디오** : developer.android.com/studio/
- **비주얼 스튜디오 코드** : code.visualstudio.com/

두 IDE 모두 훌륭합니다. 그런데 플러터는 구글이 만들었기 때문에 아무래도 자사에서 개발한 안드로이드 스튜디오를 사용하는 것이 편의성 등에서 좀 더 낫습니다. 설치 환경을 구성할 때도 안드로이드 스튜디오가 더 간단합니다.

이 책에서는 안드로이드 스튜디오와 안드로이드 앱 개발을 기본으로 설명합니다. 먼저 안드로이드 스튜디오를 설치하는 방법을 알아보겠습니다.

0.3.4 안드로이드 스튜디오 설치

❶ 안드로이드 스튜디오를 공식 웹사이트에서 내려받습니다.

- developer.android.com/studio/

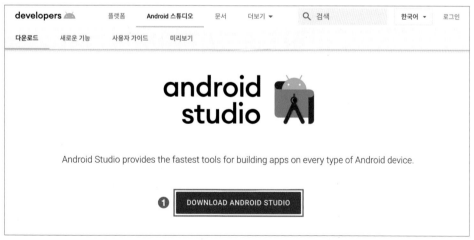

▶ 안드로이드 스튜디오 다운로드 사이트

❷ 다운로드한 설치 프로그램을 실행하여 안드로이드 스튜디오를 설치합니다. 안드로이드 스튜디오 설치 과정은 매우 간단하므로 설명을 생략합니다. 기본 설정대로 설치하면 됩니다.

설치를 완료하면 다음과 같은 창이 뜹니다. 기존에 설치했던 적이 있다면 이전 설정을 가져올 수 있습니다. 처음 설치하는 것이라면 'Do not import settings'를 선택하고 'OK'를 누릅니다.

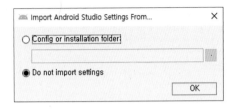

플러터 플러그인 설치

안드로이드 스튜디오를 실행합니다. 첫 실행시에 몇 가지 설정을 문의하게 되는데 기본 설치하면 됩니다. 컴포넌트 다운로드까지 마치면 다음과 같은 'Welcome to Android Studio' 창이 표시됩니다(컴포넌트 다운로드에는 십여 분이 소요됩니다). 이 창에는 새로운 프로젝트를 작성하거나 기존 프로젝트를 읽어오는 메뉴가 들어 있습니다.

하지만 아직 플러터 프로젝트를 생성할 수 없습니다. 플러터를 개발하려면 플러터 플러그인을 설치해야 합니다. ❶ 화면 우측 하단에 있는 'Configure'를 클릭합니다.

▶ Configure 클릭

아래와 같은 창이 보이면 ❷ 'Plugins'를 클릭합니다.

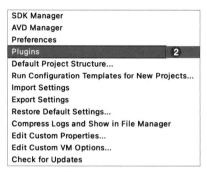

▶ Plugins 클릭

Plugins 창이 표시되면 ❸ 'Marketplace' 탭을 클릭한 후 ❹ 검색 창에 'flutter'를 입력하고 엔터키를 누릅니다. ❺ 검색 결과에 'Flutter'가 보이면 'Install' 버튼을 눌러 설치합니다. 설치가 완료되면 'Install'이 ❻ 'Installed'로 변경됩니다. 'OK'를 눌러 대화상자를 빠져나간 뒤 'Restart IDE'을 눌러 안드로이드 스튜디오를 재시작합니다.

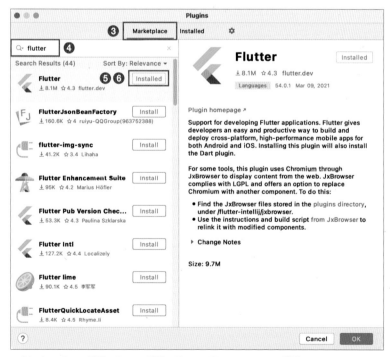

▶ Marketplace 클릭 > flutter 검색 > Flutter Plugins Install 클릭

안드로이드 스튜디오를 재시작하면 ❼ 플러터 프로젝트를 시작할 수 있는 메뉴가 두 번째 항목으로 추가됩니다.

▶ 두 번째 항목에 Start a new Flutter project가 추가됩니다.

0.4 마치며

이 장에서는 안드로이드 스튜디오를 설치하고 플러터 프로젝트를 작성하기 위한 환경을 구성했습니다.

- 플러터는 네이티브 코드와 동등한 성능을 가집니다.
- 플러터는 머티리얼 디자인과 쿠퍼티노 디자인을 제공합니다.
- 플러터는 다트 언어로 개발합니다.
- 안드로이드 스튜디오와 비주얼 스튜디오 코드에서 개발이 가능합니다.

1장 생애 첫 모바일 앱 생성하기

이 장에서는 안드로이드 스튜디오를 사용하여 프로젝트를 생성하고 에뮬레이터나 기기에서 샘플 앱을 실행하는 과정을 알아봅니다. 안드로이드와 iOS용으로 빌드하는 방법도 소개합니다.

이 장에서 다루는 내용은 다음과 같습니다.

- 프로젝트 생성 방법
- iOS에서 빌드하는 방법
- flutter doctor로 개발 환경 진단하기
- 에뮬레이터와 실제 기기에서 앱 실행 방법
- 핫 리로드

1.1 프로젝트 생성

안드로이드 스튜디오를 이용해서 생애 첫 플러터 프로젝트를 만들어봅시다. ❶ 'Welcome to Android Studio' 창에서 'Start a new Flutter project'를 클릭합니다. 개발용 PC에서 앱을 만드므로 안드로이드와 iOS 앱 모두에서 같은 과정을 거칩니다. 우선 앱을 만들고 운영체제별로 빌드하고 실행하는 방법을 알아보겠습니다.

▶ Start a new Flutter project 클릭하여 프로젝트 생성

'Create New Flutter Project' 창이 표시됩니다. 몇 가지 템플릿이 보일 겁니다. ❷ 'Flutter Application'을 선택하고 ❸ 'Next' 버튼을 클릭합니다.

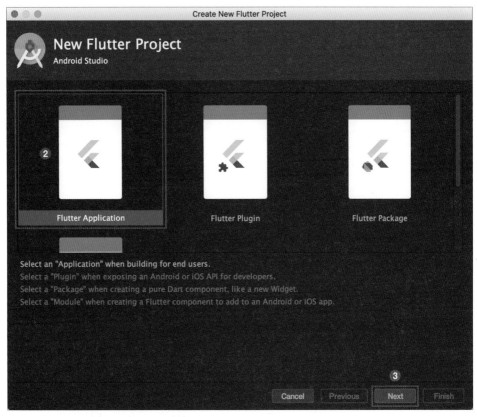

▶ Flutter Application 선택 > Next 클릭

프로젝드 설정 창에서 프로젝트의 기본 설정을 합니다.

- **Project name** : 프로젝트명을 설정합니다.
- **Flutter SDK path** : 플러터 SDK를 설치한 폴더를 지정합니다.
- **Project location** : 프로젝트를 생성할 위치를 지정합니다.
- **Description** : 프로젝트의 설명을 작성합니다.

❹ 'Project name'은 기본값인 flutter_app 그대로 두겠습니다. ❺ '...' 버튼을 누르고 플러터 SDK를 설치한 폴더(C:\src\flutter)를 선택합니다. 항목을 작성하였다면 ❻ 'Next' 버튼을 클릭합니다.

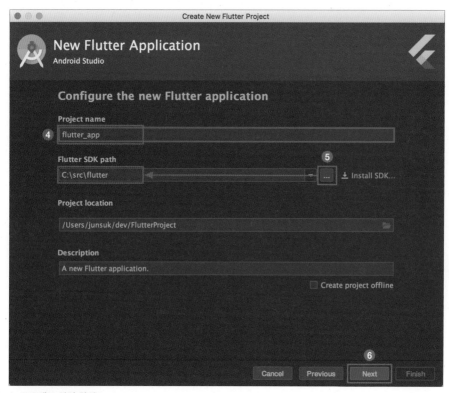

▶ 프로젝트 설정 화면

다음 창에서는 패키지명을 설정합니다.

❼ 'Package Name'에는 앱의 고유한 패키지명을 입력합니다. 여기서는 연습용으로 'com. example.app'을 입력합니다. ❽ 'Finish' 버튼을 클릭해 프로젝트를 생성합니다.

컴퍼니 도메인과 앱 이름의 조합으로 패키지명이 결정됩니다. 패키지명은 앱을 나타내는 고유한 값으로 구글 플레이 또는 앱스토어에 업로드할 때 기존에 중복되는 값이 있으면 업로드되지 않습니다. 도메인을 보유하지 않았다면 적당한 값을 사용하여 임의로 작성합니다. 참고로 example.com 도메인은 구글 플레이에 업로드가 불가능합니다.

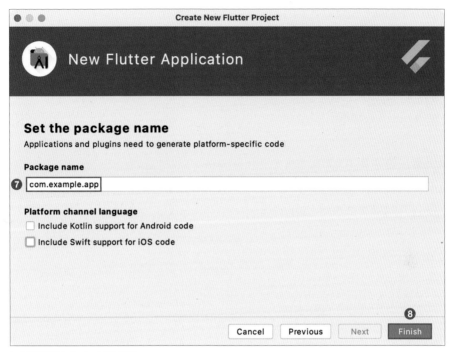

▶ 패키지명과 AndroidX 설정

'Platform channel language'는 네이티브 코드와 연동하는 코드를 자바, 오브젝티브-C로 작성한다면 체크를 해제하고 코틀린, 스위프트로 작성한다면 체크를 합니다. 이 책의 범위가 아니므로 기본값으로 두었습니다.

1.1.1 환경 구성 검사

flutter doctor 명령은 플러터를 개발할 환경 구성이 잘되었는지 검사해주고 가이드를 해주는 명령입니다. flutter doctor 명령을 실행하는 방법은 세 가지입니다.

첫 번째 방법은 ❶ 터미널에서 플러터 명령을 실행하는 겁니다. 두 번째 방법은 ❷ 안드로이드 스튜디오 하단에 있는 'Terminal' 탭을 눌러서 터미널을 실행하고 flutter doctor 명령을 직접 입력하는 겁니다. 이 두 방법은 윈도우에 환경 변수를 등록해야 작동합니다(이미 우리는 0장에서 환경 변수를 등록했습니다).

현 시점에서 flutter doctor 명령을 실행하면 다음과 같이 라이선스와 기기 관련해서 문제가 있다고 표시됩니다. 이 문제들을 해결하는 방법은 뒤에서 다시 설명하겠습니다.

```
[✓] Flutter (Channel stable, v2.0.0, on Mac OS X 10.15.1 19B88, locale ko-KR)
[✓] Android Studio (version 3.5)
[!] Android toolchain - develop for Android devices (Android SDK version 27.0.3)
    ✗ Android licenses not accepted.  To resolve this, run: flutter doctor
      --android-licenses
[!] Connected device
    ! No devices available
```

세 번째 방법은 ❸ 왼쪽 프로젝트 창에서 'flutter_app > test > pubspec.yaml'을 선택하고, 오른쪽 상단에 표시된 4가지 링크 중 ❹ 'Flutter doctor'를 클릭하는 겁니다. 출력 결과는 ❺ 하단 'Flutter' 창에서 확인할 수 있습니다.

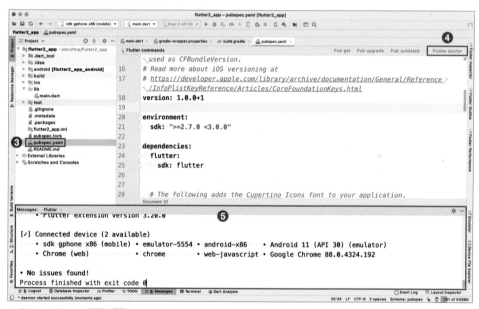

▶ flutter doctor 명령 실행

이 방법은 플러터 SDK를 환경 변수에 추가하지 않아도 작동하므로 편리합니다. 또한 flutter doctor --verbose 옵션이 붙은 명령이 수행되어 좀 더 자세한 결과를 보여줍니다.

오른쪽 상단에 표시된 4가지 링크의 역할은 다음과 같습니다.

- **Pub get** : 외부 라이브러리를 추가한 후 프로젝트에 다운로드하여 적용합니다.
- **Pub upgrade** : 지정된 버전 중 가장 최신 버전을 검색합니다.

- **Pub outdated** : 설치된 라이브러리 버전과 최신 버전, 널 안전화 버전(8장에서 소개함), 개발 중인 버전 등의 정보를 표시합니다.
- **Flutter doctor** : 플러터 환경 설정이 잘되었는지 검사합니다.

화면 하단 'Flutter' 창의 출력 내용을 하나씩 살펴봅시다. 정보는 개발 환경에 따라 조금씩 다르게 표시될 수 있습니다.

---

❶ [✓] Flutter (Channel stable, v2.0.0, on Mac OS X 10.15.1 19B88, locale ko-KR)
❷ [✓] Android Studio (version 4.1.0)
❸ [!] Android toolchain - develop for Android devices (Android SDK version 27.0.3)
　　✗ Android licenses not accepted. To resolve this, run: flutter doctor
　　　--android-licenses
❹ [✓] Xcode - develop for iOS and macOS (Xcode 11.2.1)
❺ [✓] IntelliJ IDEA Ultimate Edition (version 2019.1.3.)
❻ [✓] VS Code (version 1.40.1)
❼ [!] Connected device
　　! No devices available

---

❶ 플러터 SDK의 설정 정보입니다. ✓ 마크는 정상, ! 마크는 경고, ✗ 마크는 설정이 안 되어 있다는 것을 의미합니다. ❷ 안드로이드 스튜디오의 버전 정보입니다. ❸ 안드로이드 개발을 위한 SDK 설정 정보입니다. 최초에는 이 부분에서 'Android license not accepted'라는 에러 메시지가 표시되고 명령어를 입력하도록 가이드하고 있습니다. ❹ 터미널에서 flutter doctor --android-licenses 명령을 입력한 후, 나오는 질문에 모두 y를 입력하고 ❺ 다시 flutter doctor 명령을 실행하여 정상 설치가 된 것을 확인합니다. ❻ Xcode, 인텔리제이, 비주얼 스튜디오 코드가 설치되어 있다면 이러한 툴들의 설치 정보도 함께 표시됩니다. ❼ 연결된 기기나 에뮬레이터가 있는지에 대한 정보입니다. 아직 연결된 기기가 없기 때문에 경고가 표시됩니다.

1.2 안드로이드용 프로젝트

이 책에서는 안드로이드용 프로젝트를 기본으로 설명합니다. 생성한 프로젝트에는 기본 샘플 코드가 작성되어 있습니다. 앱을 실행하려면 에뮬레이터 또는 실제 기기가 필요하기 때문에 안드로이드용 에뮬레이터 또는 기기 연결을 준비합니다.

1.2.1 에뮬레이터로 실행

플러터로 작성한 앱을 실행시키려면 가상의 기기인 에뮬레이터 또는 실제 기기를 연결해야 합니다. 먼저 에뮬레이터를 생성합시다. 안드로이드 스튜디오 상단 툴바에서 ❶ 'AVD Manager'를 클릭합니다. AVD Manager는 안드로이드 에뮬레이터 생성을 도와주는 도구입니다.

▶ AVD Manager

AVD Manager를 실행하면 다음과 같은 화면이 표시됩니다. 새로운 가상 기기를 작성하기 위해 ❷ 'Create Virtual Device'를 클릭합니다.

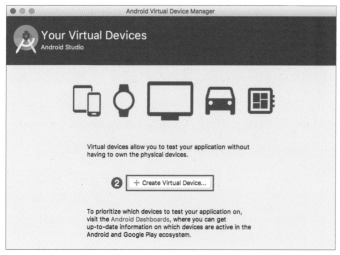

▶ Create Virtual Device

❸ 'Phone' 카테고리를 선택합니다. 가상 기기로 ❹ 'Pixel 2'를 선택합니다. 참고로 플레이스토어가 지원되는(▶ 표시가 있는) 모델을 선택해야 에뮬레이터가 플레이스토어에 설치됩니다. ❺ 'Next'를 클릭합니다.

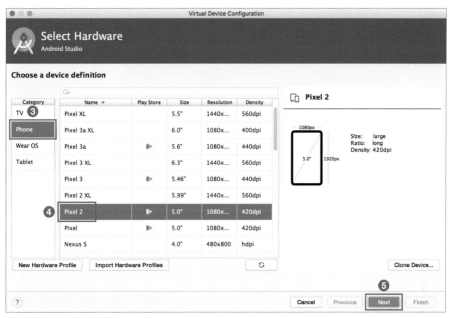

▶ 생성할 가상 기기 선택 > Next 클릭

안드로이드 OS 버전을 선택합니다. R 버전을 선택하겠습니다. 만약 선택한 버전이 다운로드되어 있지 않으면 ❻ 'Download' 링크를 클릭해 다운로드해야 합니다.

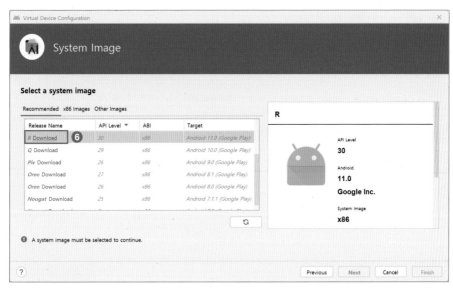

▶ 시스템 이미지 선택

컴포넌트가 자동으로 다운로드되고 설치됩니다. 설치가 완료되면 ❼ 'Finish'를 클릭합니다.

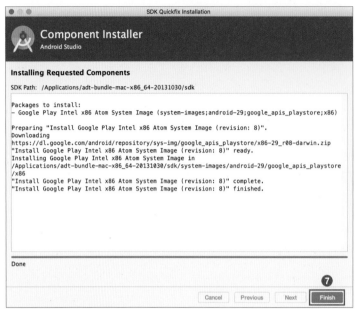

▶ 필요한 컴포넌트 다운로드

설치한 ❽ R 버전을 선택하고 ❾ 'Next'를 클릭합니다.

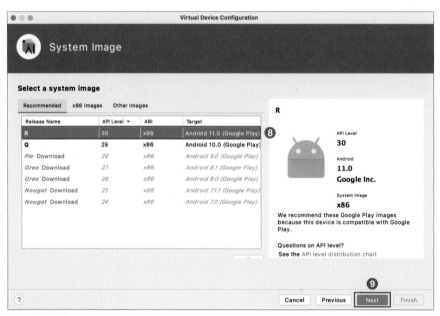

▶ R 버전 선택

다음 화면에서 에뮬레이터의 세부 설정을 할 수 있습니다. 기본 설정 그대로 두고 ❿ 'Finish'를 클릭합니다.

▶ 에뮬레이터의 세부 설정

가상 기기가 생성되면 AVD Manager에 다음과 같이 가상 기기가 표시됩니다. ⓫ '에뮬레이터 실행' 버튼을 클릭하면 에뮬레이터가 실행됩니다.

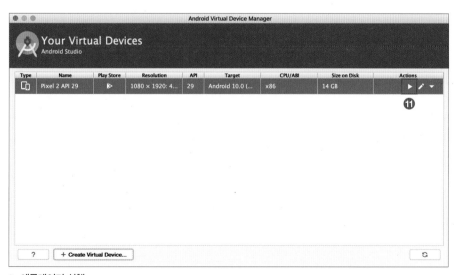

▶ 에뮬레이터 실행

안드로이드 스튜디오 상단 메뉴에서 ⑫ 에뮬레이터가 선택된 걸 확인할 수 있을 겁니다(기기
가 하나일 때는 자동 선택됩니다. 둘 이상일 경우 원하는 기기를 선택하면 됩니다). ⑬ 실행 버
튼을 클릭합니다.

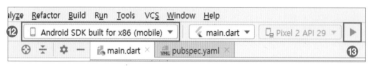

▶ 에뮬레이터 선택 후 샘플 앱 실행

잠시 후 에뮬레이터에 샘플 앱이 실행됩니다.

▶ 샘플 앱

앱을 실행 가능한 형태로 만드는 동작을 빌드^{build}라고 합니다. 프로젝트 생성 후 최초 실행시에
는 상당한 빌드 시간이 소요되지만 그 다음부터는 빠르게 실행됩니다.

1.2.2 실제 기기로 실행

안드로이드폰에서 플러터 앱을 실행하려면 개발자 모드를 활성화해야 합니다. 이 부분은 제조사
마다 경로가 조금씩 다를 수 있습니다.

먼저 개발자 옵션을 활성화합시다. 스마트폰 '설정'에서 ❶ '시스템' 선택 ❷ '휴대전화 정보' 선택 ❹ '개발자가 되셨습니다' 또는 '이미 개발자입니다'라는 메시지가 나올 때까지 ❸ '빌드 번호'를 연속으로 클릭합니다(혹은 '설정 > 휴대전화 정보 > 빌드 번호' 순서로 이동).

참고로 PIN 번호를 입력받은 후에야 설정이 바뀌는 기종도 있습니다.

▶ 개발자 옵션 활성화

'시스템'으로 돌아가면 기존에는 없던 '개발자 옵션'이 보입니다. ❺ (기종에 따라 '고급'을 누르고) '개발자 옵션'을 클릭하고 ❻ 'USB 디버깅'을 켭니다. 다음과 같이 'USB 디버깅을 허용하시겠습니까?'라고 물어보면 ❼ '확인'을 클릭합니다.

▶ USB 디버깅 켜기

❽ PC와 기기를 USB 케이블로 연결합니다. 처음 연결하면 다음과 같은 화면이 표시됩니다. 기기를 PC에 연결할 때마다 이 화면이 표시되는데 ❾ '이 컴퓨터에서 항상 허용'을 체크하면 다음 연결부터 이 화면이 표시되지 않습니다. ❿ '확인'을 클릭합니다.

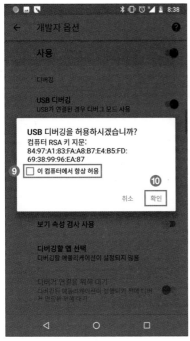

▶ 이 컴퓨터에서 항상 허용

⓫ 터미널에서 flutter doctor 명령을 실행합시다. 제대로 연결되었다면 다음과 같은 메시지가 표시됩니다.

```
[✓] Connected device (1 available)
```

NOTE_ 기기가 인식되지 않습니다
기기가 연결되지 않는 다양한 이유가 있습니다. 제조사별로 USB 드라이버를 설치한 이후에도 PC와 연결시 별도의 조작이 필요한 경우도 있습니다. 이 경우 구글 검색을 최대한 활용하여 다른 사람의 블로그 등에서 도움을 받아 해결해야 합니다.

샘플 앱 실행

기기가 연결되었다면 샘플 앱을 실행해봅시다. 안드로이드 스튜디오의 상단에서 연결된 기기를 선택할 수 있습니다. ❷ 실행할 기기를 선택한 후 ❸ '실행' 버튼을 클릭합니다.

▶ 연결된 기기 선택 > 실행

잠시 후 연결된 기기에 샘플 앱이 실행됩니다.

▶ 샘플 앱이 실행된 모습

1.2.3 핫 리로드

핫 리로드^{Hot Reload}는 수정한 코드를 즉시 앱에 반영하는 기능입니다. 샘플 앱을 실행한 후 샘플 앱의 제목을 'Flutter Demo Home Page'에서 ❶ '플러터 데모 앱'으로 수정하고 ❷ 저장(Ctrl +S)해봅시다.

```
home: MyHomePage(title: '플러터 데모 앱'),
```

저장 즉시 기기나 에뮬레이터에 제목이 반영됩니다(핫 리로드 기능 덕분에 개발 속도가 향상되어 플러터 개발이 더 재밌어질 겁니다).

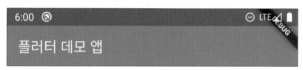

▶ 핫 리로드해서 즉시 변경 사항이 반영된 모습

만약 잘못된 코드를 작성했다면 그 즉시 에러 메시지를 표시합니다. 샘플 앱은 제목을 꼭 입력해야 하는 코드입니다. 진짜 그런지 일부러 에러를 내보겠습니다. ❸ 제목 부분을 제거하고 ❹ 저장합니다.

```
home: MyHomePage(),
```

기기에 에러 메시지가 표시됩니다. 'Text 위젯은 반드시 문자열 데이터를 제공해야 한다'는 에러 메시입니다. 앞으로 개발을 하면서 이 같은 디버깅 메시지를 이용해 잘못된 부분을 유추해 디버깅하게 될 겁니다.

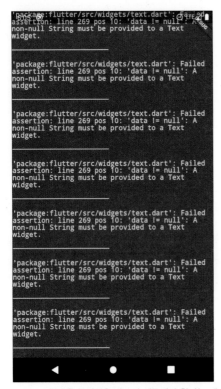

▶ **Text** 위젯은 문자열을 반드시 제공해야 한다는 에러

1.2.4 에뮬레이터 한국어 설정

에뮬레이터가 영어면 한국어 키보드가 동작하지 않습니다. 따라서 한국어 설정을 해야 합니다.

❶ 에뮬레이터의 상단 상태바를 아래로 드래그하여 설정 아이콘을 클릭합니다.

❷ 'System' 메뉴를 선택합니다.

❸ 'Languages & Input' 메뉴를 선택합니다.

❹ 'Languages' 메뉴를 선택합니다.

❺ 'Add a language' 메뉴를 선택합니다.

❻ 검색 창에서 'korea'를 검색하여 한국어를 선택합니다.

❼ '대한민국'을 선택합니다.

❽ 오른쪽의 이동 핸들을 클릭하고 위로 드래그하여 한국어가 1번이 되도록 합니다.

▶ 에뮬레이터 한국어 설정

1.3 iOS용 프로젝트

안드로이드 스튜디오를 이용해 iOS에서 플러터 프로젝트를 실행해봅시다.

iOS용 앱을 실행하려면 ❶ 맥OS가 설치된 애플 컴퓨터가 필요합니다. 그리고 iOS용 앱 개발 도구인 ❷ Xcode 프로그램을 설치해야 합니다. 안드로이드 스튜디오에서 Xcode의 빌드 도구를 활용하여 빌드와 실행을 하게 됩니다.

1.3.1 iOS용 도구 설정 및 빌드

❶ 앱 스토어에서 Xcode를 다운로드받습니다.

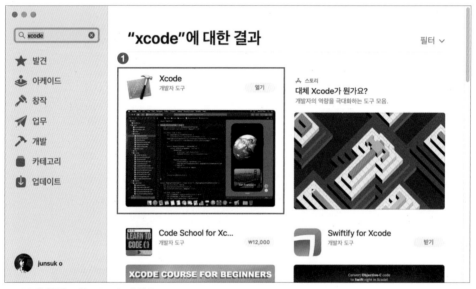

▶ iOS용 앱 빌드에는 Xcode가 필요

❷ 내려받은 Xcode를 설치합니다. 이어서 Xcode command line tools를 설치합니다. ❸ Xcode를 실행하거나 다음 명령을 터미널에서 실행하여 설치할 수 있습니다.

```
$ sudo xcode-select --switch /Applications/Xcode.app/Contents/Developer
$ sudo xcodebuild -runFirstLaunch
```

안드로이드와 마찬가지로 라이선스를 수락해야 합니다. ❹ Xcode를 실행하면 약관 수락을 할 수 있으며, 다음 명령으로도 가능합니다.

```
$ sudo xcodebuild -license
```

1.3.2 시뮬레이터로 실행

아이폰 시뮬레이터(안드로이드는 에뮬레이터라고 함)를 실행시키려면 ❶ 다음 명령을 수행하거나 ❷ 안드로이드 스튜디오에서 바로 실행할 수 있습니다.

```
$ open -a Simulator
```

▶ 각 IDE에서도 iOS 시뮬레이터를 시작할 수 있습니다.

이제부터 시뮬레이터에서 앱을 실행해볼 수 있습니다.

iOS 시뮬레이터를 실행하면 기기 목록 드롭박스에서 iOS용 시뮬레이터를 선택할 수 있습니다. ❸ 'iPhone 11 Pro Max (mobile)'을 선택한 후 ❹ '실행' 버튼을 누르면 샘플 앱이 시뮬레이터에 표시됩니다.

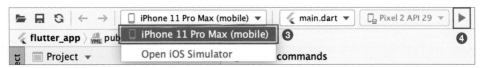

▶ iPhone 11 Pro Max 시뮬레이터를 실행한 상태

최초에는 빌드 시간이 상당히 소요됩니다. 같은 앱이지만 아이폰에서는 타이틀이 가운데에 표시되는 미묘한 차이가 있습니다.

▶ 아이폰에서 실행된 샘플 앱

1.3.3 실제 기기로 실행

맥OS의 터미널에서 ❶ flutter doctor 명령을 실행하면 iOS 개발에 관한 여러 메시지가 출력됩니다. 메시지에 포함된 명령어를 터미널에서 실행하여 iOS 개발 환경을 구성할 수 있습니다.

```
[✗] Xcode - develop for iOS and macOS
    ✗ Xcode installation is incomplete; a full installation is necessary for iOS
      development.
      Download at: https://developer.apple.com/xcode/download/
      Or install Xcode via the App Store.
      Once installed, run:
        sudo xcode-select --switch /Applications/Xcode.app/Contents/Developer
    ✗ CocoaPods not installed.
      CocoaPods is used to retrieve the iOS and macOS platform side's plugin
      code that responds to your plugin usage on the Dart side.
      Without CocoaPods, plugins will not work on iOS or macOS.
      For more info, see https://flutter.dev/platform-plugins
      To install:
        sudo gem install cocoapods
```

터미널에서 ❷ sudo gem install cocoapods 명령을 실행하여 필요한 컴포넌트를 설치합니다. 모든 설치가 끝나면 flutter doctor로 확인해보고 메시지를 확인하여 추가로 필요한 사항을 모두 설치해줍니다.

설치가 잘되었다면 iOS 기기를 PC에 연결했을 때 기기 선택이 가능할 겁니다.

1.4 마치며

이 장에서는 프로젝트를 생성하고 실행하는 방법을 배웠습니다.

- flutter doctor 명령은 개발 환경을 진단하는 도구입니다.
- 프로젝트는 에뮬레이터와 실제 기기로 실행할 수 있습니다.
- 핫 리로드로 변경된 코드를 빠르게 확인할 수 있습니다.
- iOS용 빌드를 위해서는 맥OS와 Xcode가 필요합니다(윈도우 PC에서는 불가).

2장 다트 문법

플러터 개발에는 다트 언어를 사용합니다. 이 책에서는 플러터 앱 개발에 꼭 필요한 기본 문법과 핵심 문법을 설명합니다. 더 자세한 내용은 다트 온라인 매뉴얼에서 확인할 수 있습니다.

- **다트 문법 온라인 매뉴얼 :** dart.dev/guides/language/language-tour

2.1 다트 언어 연습 환경

이미 다트 문법을 안다면 2장을 건너뛰고 3장부터 학습해도 됩니다. 2장에서 다트 문법을 열심히 다루지만, 다트를 완전 정복하는 목적의 책이 아니므로 한 번 보는 것만으로는 완벽하게 문법을 익히지 못할 겁니다. 어떤 언어든 눈으로 보는 것만으로는 코딩을 익힐 수 없으므로 플러터로 앱을 개발하면서 자연스럽게 익혀나가기 바랍니다.

이미 여러 개발 환경을 설치했습니다. 그래서 이번에는 개발 도구를 추가로 설치하지 않고 다트 패드 웹사이트를 활용하겠습니다. 다음 URL로 접속하면 온라인에서 다트 코드를 실행할 수 있습니다.

- dartpad.dev

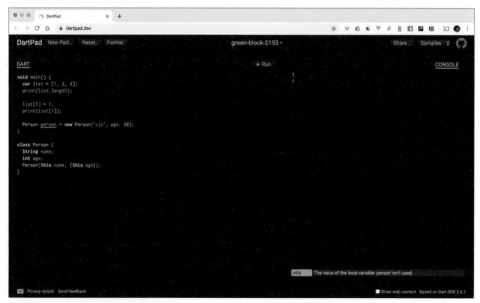

▶ 웹 브라우저에서 다트 문법 연습하기

다트 문법은 main() 함수가 진입점^{entry point}입니다. 이 장에서 설명하는 코드 대부분은 main() 함수를 분량을 줄이는 차원에서 삭제했습니다. 따라서 실습을 할 때는 예제 코드를 main() 함수 내부에 작성해 이용하면 됩니다.

```dart
void main() {
  // 여기에 작성합니다.
  print("Hello, World!");
}
```

2.2 기본 문법

주석, 변수, 상수, 연산자 사용법을 알아봅시다.

2.2.1 주석

주석은 코드에 달아두는 설명으로 실행에 영향을 주지 않습니다. 주석을 작성하는 방법은 아래 예시와 같이 총 3가지입니다.

```dart
// 이것은 주석

/**
 * 이것도 주석
 **/

/// 이것도 주석
void something() {}
```

- // : 한 줄 주석
- /* ... */ : 여러 줄 주석
- /// : 문서 주석

///를 메서드나 클래스 정의 위에 작성하면 dartdoc과 같은 문서 생성 도구를 통해 문서를 자동으로 생성해줍니다.

- dart.dev/tools/dartdoc

2.2.2 문장

문장statement은 명령 단위입니다. 문장 끝은 세미콜론(;)으로 표시합니다(세미콜론 누락은 흔히 발생하는 실수입니다. 문장 끝에 세미콜론을 꼭 챙겨주세요).

```
void main() {
  // 여기에 작성합니다.
  print("Hello, World!")   // 에러!!
  print('안녕하세요');
}
```

2.2.3 변수

변수는 데이터(값)를 담는 상자입니다. 변수 종류를 타입type 또는 자료형이라고 합니다. 다트는 숫자나 문자열 같은 기본 변수 타입을 제공하며, 사용자가 직접 타입을 정의할 수도 있습니다.

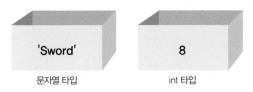

'Sword' 문자열 타입   8 int 타입

▶ 문자열을 담는 문자열 타입과 숫자를 담는 int 타입

다트는 다음과 같은 기본 타입을 제공합니다.

- `int` : 정수
- `double` : 실수(소수점)
- `String` : 문자열
- `bool` : 참 또는 거짓 값을 갖는 타입(불리언 타입이라고 읽음)

변수명 앞에 타입을 선언하고, 변수명 뒤에 = 기호로 값을 할당합니다. 각 변수의 타입에 맞는 값을 할당해야 합니다. 즉, `int` 타입에 문자열 타입을 할당하면 안 됩니다.

문자열 타입은 다음과 같이 선언하고 값을 할당합니다.

```
String name;     // 변수 선언
name = '홍길동';   // 값 할당
```

문자열 묶음 기호로 작은따옴표와 큰따옴표 모두를 사용할 수 있습니다(문법 스타일 표준 가이드에는 작은따옴표가 표준으로 되어 있습니다).

```
String name;        // 변수 선언
name = "홍길동";    // 값 할당
```

bool 타입은 값으로 true와 false를 갖습니다.

```
bool b = true;          // 참(거짓은 false)
bool b2 = i < 10;       // i는 10보다 작다.
bool b3 = s.isEmpty;
```

끝으로 int와 double 타입 사용법도 확인합니다.

```
int i = 10;         // 정수 10
double d = 10.0;    // 실수 10.0
```

그런데 int와 double은 num 타입에 포함됩니다. 그래서 다음과 같이 사용할 수 있습니다.

```
num a = 10;
num b = 20.0;
```

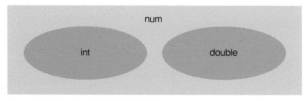

▶ num과 int, double의 포함 관계

일부 언어에서 더 큰 자료형인 double 타입에 int 타입을 대입하는 자동 형변환을 지원하기도 하지만 다트에서는 지원하지 않습니다.

```
int a = 10;
double b = a;   // 에러
```

반면 num 타입에는 int와 double 타입 모두 대입할 수 있습니다.

```
int a = 10;
double b = 20.0;

num c = a;    // ok
c = b;        // ok
```

변수에 담긴 값은 언제라도 다른 값으로 바꿀 수 있습니다. 값을 재할당한다고 표현합니다.

```
String s = 'hello';
s = 'world';
```

2.2.4 타입 추론

다트는 타입을 직접 명시하지 않고 var로 대체할 수 있는 타입 추론을 지원합니다. 일반적으로는 이 방법을 주로 사용합니다.

```
var i = 10;          // int 타입
var d = 10.0;        // double 타입
var s = 'hello';     // 문자열 타입
var s2 = "hello";    // 문자열 타입
var b = true;        // 불리언 타입
var b2 = i < 10;     // 불리언 타입
var b3 = s.isEmpty;  // 불리언 타입
```

2.2.5 상수 final, const

변수는 값이 변경되어 의도치 않게 에러를 발생할 가능성이 있으므로 가급적이면 값이 변하지 않게 상수로 사용하는 것이 좋습니다. 선언할 때 final 키워드를 제일 앞에 붙이면 값이 수정되지 않는 상수로 사용할 수 있습니다.

```
final String name = '홍길동';
name = '임꺽정';    // 에러
```

타입을 생략하고 다음과 같이 짧게 작성할 수 있습니다.

```
final name = '홍길동';
```

2.2.6 산술 연산자

다트에서는 다음과 같은 산술 연산자를 제공합니다.

- + : 더하기
- - : 빼기
- * : 곱하기
- / : 나누기(double 타입 반환)
- ~/ : 몫(int 타입 반환)
- % : 나머지(int 타입 반환)

assert() 함수는 계산 결과가 참인지 검사합니다. 다음 코드는 모두 결과가 참(true)입니다.

```
assert(2 + 3 == 5);
assert(5 - 2 == 3);
assert(3 * 5 == 15);
assert(5 / 2 == 2.5);
assert(5 ~/ 2 == 2);
assert(5 % 2 == 1);
```

참고로 dartpad.dev 같은 웹에서는 assert() 함수가 동작하지 않습니다.

더하기 연산자의 또 다른 쓰임새는 두 개의 문자열을 결합하는 겁니다.

```
assert('hello' + ' world' == 'hello world');
```

2.2.7 증감 연산자

증감 연산자는 값을 1씩 증가하거나 감소시키는 연산자로 후위 연산과 전위 연산이 있습니다.

- **후위 연산** : [식]++, [식]-- (예 : a++, a--)
- **전위 연산** : ++[식], --[식] (예 : ++a, --a)

먼저 계산을 하는지 나중에 계산을 하는지에 따라서 미묘하게 결과가 달라질 수 있습니다.

```
var num = 0;
print(num++);   // 나중에 계산하므로 0 출력
// num = 1이 됨
print(++num);   // 먼저 계산하므로 2 출력
// num = 2가 됨
```

2.2.8 비교 연산자

다트에서는 다음과 같은 비교 연산자를 제공합니다.

- == : 같다
- != : 다르다
- > : 더 크다
- < : 더 작다
- >= : 크거나 같다
- <= : 작거나 같다

다음 코드는 모두 결과가 참(true)입니다.

```
assert(2 == 2);
assert(2 != 3);
assert(3 > 2);
assert(2 < 3);
assert(3 >= 3);
assert(2 <= 3);
```

2.2.9 논리 연산자

계산식을 연산하여 결과를 참 또는 거짓으로 반환하는 논리 연산자는 다음과 같습니다.

- && : 그리고
- || : 또는
- == : 같다
- ! : 부정
- != : 다르다

다음은 논리 연산자를 사용한 예입니다.

```
print(true && true);      // true
print(true && false);     // false
print(false && false);    // false

print(true || true);      // true
print(true || false);     // true
print(false || false);    // false

print(true == true);      // true
print(true == false);     // false
print(false == false);    // true

print(true != true);      // false
print(true != false);     // true
print(false != false);    // false
```

2.2.10 타입 검사(is, is! 키워드)

타입을 검사하는 키워드는 다음과 같습니다.

- is : 같은 타입이면 true
- is! : 다른 타입이면 true

```
int a = 10;
if (a is int) {
  print('정수');
}

String text = 'hello';
if (text is! int) {
  print('숫자가 아님');
}
```

2.2.11 형변환(as 키워드)

형변환type casting에는 as 키워드를 사용합니다. 다른 타입끼리는 변환이 안 되고 더 상위 개념으로 변환할 수 있습니다.

int와 double은 모두 num을 구현하는 타입이지만 서로는 관계가 없기 때문에 형변환이 불가능합니다.

```
var c = 30.5;
int d = c as int;   // 에러
```

하지만 int와 double 모두 상위 개념인 num으로 형변환할 수 있습니다.

```
dynamic d = 30.5;
num n = d;    // as num; 생략 가능
```

2.3 함수

함수function는 특별한 코드 묶음 단위입니다. 플러터로 개발할 때는 다트에서 제공하는 다양한 함수를 사용하게 됩니다. 다트의 함수를 알아보겠습니다.

2.3.1 함수 형태

함수는 다음과 같은 형태로 작성합니다. 값을 반환할 때는 return 키워드를 사용합니다. 입력받는 문자를 매개변수parameter라고 부르고 반환되는 값을 반환값이라고 합니다.

```
int f(int x) {
  return x + 10;
}
```

위 함수의 함수명은 f, 매개변수는 int 타입 x, 반환값은 int 타입입니다. 'f 함수는 int 타입의 매개변수 x를 받고 x + 10을 int 타입으로 반환(return)하는 함수다'라고 말할 수 있습니다.

함수를 사용할 때는 다음과 같이 합니다. 반환값이 있으므로 다른 변수에 반환된 결과를 할당할 수 있습니다. 함수를 사용할 때 실제 입력하는 값을 인수argument라고 합니다.

```
void main() {
  var result = f(10);
}
```

위 코드는 'f 함수에 10이라는 인수를 전달하여 반환된 결과를 result 변수에 대입했다'고 말할 수 있습니다.

함수는 입력과 출력을 다양하게 조합할 수 있습니다. 입력값은 없거나 여럿일 수 있습니다. 출력 값은 없거나 하나만 있을 수 있습니다. 다음은 매개변수가 둘인 함수입니다.

```
int f(int x, int z) {
  return x + z + 10;
}
```

다음은 매개변수가 없는 함수입니다. 이 함수는 '안녕하세요'라는 문자열을 반환합니다.

```
String f() {
  return '안녕하세요';
}
```

함수가 꼭 값을 반환할 필요는 없습니다. 다음은 반환하는 값이 없는 함수의 예입니다. 함수명 앞에 있는 void는 반환값이 없다는 키워드입니다.

```
void f(int x) {
  print(x);
}
```

반환 타입으로는 모든 타입과 void를 지정할 수 있습니다. 반환 타입 역시 타입 추론에 의해 생략할 수 있습니다.

```
void greeting(String greet) {
  print('hello $greet');
}

// 위 코드와 동일함
greeting(String greet) {
  print('hello $greet');
}
```

print() 함수는 반환값이 void인 대표적인 함수입니다. print() 함수는 원하는 형태의 메시지를 출력하고 싶을 때 사용하며, 문자열이나 변수에 담긴 값을 출력합니다.

```
String _name = '홍길동';

print('Hello'),
print(_name),
```

변수 앞에 $ 기호를 붙여 문자열 내에 변수를 삽입할 수 있습니다. 또한 $ 기호 뒤에 {}로 둘러싸 수식을 포함한 각종 표현식을 사용할 수 있습니다.

```
String _name = '홍길동';
int _age = 20;

void main() {
  print('$_name은 $_age살입니다.');
  print('$_name은 ${_name.length} 글자입니다.');
  print('10년 후에는 ${_age + 10}살입니다.');
}
```

2.3.2 함수와 메서드

클래스 밖에 작성하는 함수를 최상위 함수라고 합니다. 클래스는 객체를 표현하는 방법으로 2.5절 '객체 지향 프로그래밍'에서 다룹니다. 최상위 함수(main 메서드처럼 가장 바깥에 작성한 함수)는 어디에서나 호출할 수 있는 함수이며 이 책에서 함수라고 칭하는 대부분은 이러한 최상위 함수를 가리킵니다.

```
// 최상위 함수
bool isEven(int number) {
  return number % 2 == 0;
}

void main() {
  print(isEven(10));
}
```

클래스 내부에 작성하는 함수를 메서드^{method}라고 부르며, 정의된 클래스에 관계된 기능을 수행합니다. 클래스는 나중에 다시 다룹니다.

```dart
class MyClass {
  // 메서드
  bool isEven(int number) {
    return number % 2 == 0;
  }
}

...생략...
var myClass = MyClass();
print(myClass.isEven(10));
```

클래스 내부에 선언된 함수이더라도 static 키워드를 붙이면 정적 메서드가 되며 함수로 볼 수 있습니다. static 키워드가 붙은 함수는 최상위 함수처럼 사용할 수 있습니다.

```dart
class MyClass {
  // 정적 메서드, 함수
  static bool isEven(int number) {
    return number % 2 == 0;
  }
}

...생략...
print(MyClass.isEven(10));
```

클래스 예제를 살펴봅시다. 다음은 클래스 Person에 문자열을 출력하는 greeting() 메서드를 작성한 예입니다.

```dart
void main() {
  Person person = Person("ojs", age: 39);
  person.greeting();
}

class Person {
  String name;
```

```
  int age;
  Person(this.name, {this.age});

  void greeting() {
    print('안녕하세요 저는 $name입니다');
  }
}
```

큰 개념에서 함수와 메서드는 모두 함수입니다. 클래스에 정의된 함수를 메서드라 구분지어 부를 뿐입니다.

2.3.3 익명 함수

이름 없는 익명 함수anonymous function(무명 함수)도 정의해 사용할 수 있습니다.

([인수명]) { [동작 또는 반환값] }

다음 익명 함수는 number가 짝수면 true를, 홀수면 false를 반환합니다.

```
(number) {
  return number % 2 == 0;
};
```

2.3.4 람다식

다트에서는 람다lambda 표현식(이하 람다식)이라는 함수 표현 방식을 지원합니다. => 왼쪽에는 인수명을 작성하고, 오른쪽에는 동작할 코드 또는 반환값을 작성합니다.

([인수명]) => [동작 또는 반환값]

앞에서 작성한 짝수를 구하는 함수를 람다식으로 표현하면 다음과 같습니다. 역시 number가 짝수인지 아닌지 불리언 타입으로 반환합니다. 이렇게 완전히 같은 코드를 여러 형태로 작성할 수 있습니다.

```dart
(number) => number % 2 == 0;
```

2.3.5 선택 매개변수

함수 정의에서 {}로 감싼 매개변수는 선택적으로 사용할 수 있습니다. 호출할 때 매개변수명을 값 앞에 써주면 됩니다. 그래서 이런 매개변수를 '이름 있는 매개변수Named Parameter'라고도 부릅니다.

다음 코드로 사용법을 살펴보겠습니다.

```dart
void something({String name, int age}) {}

void main() {
  something(name: '홍길동', age: 10);
  something(name: '홍길동');
  something(age: 10);
  something();
}
```

만약 필수 매개변수와 선택 매개변수를 함께 사용하고 싶다면 앞쪽에 필수 매개변수를 먼저 둡니다.

```dart
void something(String name, {int age}) {}

void main() {
  something('홍길동', age: 10);   // ok
  something('홍길동');           // ok
  something(age: 10);          // 에러
  something();                 // 에러
}
```

선택 매개변수는 기본값을 지정할 수 있습니다.

```dart
void something(String name, {int age = 10}) {}

void main() {
```

```
    something('홍길동', age: 10);    // 홍길동, 10살
    something('홍길동');             // 홍길동, 10살
  }
```

선택 매개변수는 호출할 때 매개변수명을 함께 쓰기 때문에 옵션이 많을 때도 가독성을 높여주는 장점이 있습니다.

2.4 분기와 반복

프로그래밍은 분기와 반복으로 이루어져 있습니다. 분기 문법을 알아봅시다.

2.4.1 if else

'만약 조건이 참이면 A를 하라. 그렇지 않다면 B를 하라'와 같은 조건을 처리할 때 사용합니다.

```
String text = 'hello';

if (text is int) {
  print('정수');
} else if (text is double) {
  print('실수');
} else {
  print('정수도 실수도 아님');
}
```

2.4.2 삼항 연산을 활용한 분기

다트는 분기를 처리하는 방법으로 삼항 연산을 지원합니다. 삼항 연산은 다음과 같은 형태로 작성합니다.

[조건] ? [참일 때] : [거짓일 때]

비가 오면 빨래를 하지 않고 비가 안 오면 빨래를 하는 로직을 다음과 같이 표현할 수 있습니다.

```dart
var todo = isRainy ? '빨래를 하지 않는다' : '빨래를 한다';
```

2.4.3 switch case

조건에 맞는 값이 여러 개일 때 유용한 문법입니다. 특히 열거(enum) 타입과 함께 사용할 때는 모든 케이스를 검사해야 하는 강제성이 생깁니다. 사람의 실수를 방지하는 이런 기능이 있어서 특수한 경우에는 if 문보다 유용합니다.

```dart
enum Status { Uninitialized, Authenticated, Authenticating, Unauthenticated }

void main() {
  var status = Status.Authenticated;
  switch (status) {
    case Status.Authenticated:
      print('인증됨');
      break;
    case Status.Authenticating:
      print('인증 처리 중');
      break;
    case Status.Unauthenticated:
      print('미인증');
      break;
    case Status.Uninitialized:
      print('초기화됨');
      break;
  }
}
```

2.4.4 for

요소를 반복하는 반복문입니다.

```dart
var items = ['짜장', '라면', '볶음밥'];

for (var i = 0; i < items.length; i++) {
  print(items[i]);
}
```

2.5 객체 지향 프로그래밍

다트는 실제 현실 세계를 반영한 객체 지향 프로그래밍 언어입니다. 클래스, 메서드 등을 이해하면 플러터 코드를 작성하는 데 도움이 됩니다.

2.5.1 클래스

컴퓨터 세계에서 객체object는 저장 공간에 할당되어 값을 가지거나 식별자에 의해 참조되는 공간을 말합니다. 변수, 자료 구조, 함수 또는 메서드 등이 객체가 될 수 있습니다. 이러한 객체를 메모리에 작성하는 것을 인스턴스instance화한다고 하며 메모리에 작성된 객체를 인스턴스라고 합니다. 인스턴스화하기 위해서는 설계도가 필요한데 설계도 역할을 하는 것이 클래스class입니다. 클래스 안에는 속성을 표현할 수 있는데 이를 프로퍼티property라고 합니다.

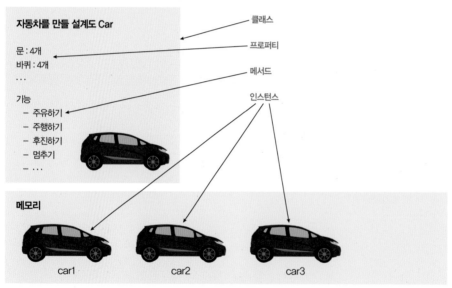

▶ 클래스는 설계도, 실제 제품은 인스턴스(또는 객체)라고 합니다.

다음 코드는 클래스로 사람을 표현하는 예입니다. 이름과 나이 프로퍼티를 가진 사람을 정의한 클래스입니다.

```
class Person {
  String name;
  int age;
}
```

클래스는 일종의 사용자 정의 타입입니다. Person 타입의 객체를 인스턴스화해보겠습니다. new 키워드는 인스턴스화하는 키워드이며 생략할 수 있습니다. 플러터 코드를 작성할 때 new 키워드는 일반적으로 생략합니다.

```
var person = new Person();

var person2 = Person();   // new 키워드 생략 가능
```

변수명 뒤에 . 연산자를 입력해 생성한 객체의 프로퍼티에 접근할 수 있습니다.

```
print(person.name);
print(person.age);   // print() 함수는 모든 객체를 출력할 수 있으며 int 타입도 바로 출력 가능
print('${person.age}살');
```

클래스 안에 작성하는 함수를 메서드라고 부릅니다. 메서드는 클래스의 프로퍼티를 조작하는 등의 용도로 사용합니다. 메서드 또한 인스턴스 변수에 . 연산자를 붙여 접근할 수 있습니다.

```
class Person {
  String name;
  int age;

  void addOneYear() {
    age++;
  }
}

...생략...
var person = Person();
person.age = 10;
person.addOneYear();
print(person.age);   // 11
```

2.5.2 접근 지정자

변수명 앞에 _ 기호를 붙이지 않으면 외부에서 접근 가능하고, 붙이면 접근 불가능합니다.

예를 들어 다음 코드에서 Person 클래스의 인스턴스가 있다고 합니다. 연산자 .을 사용하면 name 과 age에 모두 섭근할 수 있습니다.

```
class Person {
  String name;
  int age;

  void addOneYear() {
    age++;
  }
}

// main.dart
import 'person.dart;
...생략...
var person = Person();
person.age = 10;   // 접근 가능
```

이번에는 age 앞에 _ 기호를 붙인 뒤 해당 클래스가 정의되어 있지 않은 다른 파일에서 직접 접근을 시도해보겠습니다.

```
// person.dart
class Person {
  String name;
  int _age;

  void addOneYear() {
    _age++;
  }
}

// main.dart
import 'person.dart;
...생략...
var person = Person();
person._age = 10;   // 에러!!! 접근 불가
```

_age에 접근 불가능합니다. 이처럼 _ 기호가 붙은 프라이빗^{private} 변수는 해당 클래스가 정의되어 있지 않은 다른 파일에서 직접 접근할 수 없습니다. 하지만 정의되어 있는 파일 내에서는 여전히 직접 접근할 수 있습니다. 이러한 접근 규칙은 메서드에도 동일하게 적용됩니다.

2.5.3 생성자

생성자는 인스턴스화하는 방법을 제공하는 일종의 메서드입니다. 다트는 기본 생성자를 제공하는데, 기본 생성자는 클래스명과 같은 이름의 메서드입니다.

```
class Person {
  String name;
  int _age;
}

...생략...
var person = Person();
```

사용자 정의 생성자를 추가하면 기본 생성자(Person())를 사용할 수 없게 되지만, 선택 매개변수를 사용하면 Person()도 호출할 수 있습니다(하지만 기본 생성자를 호출한 것은 아니며 모든 매개변수에 null을 대입한 생성자를 호출합니다).

```
class Person {
  String name;
  int _age;

  Person({this.name, this._age});   // 생성자
}

...생략...
var person = Person();   // ok
var person2 = Person(name: '홍길동', _age: 20);   // ok
```

2.5.4 게터, 세터

프라이빗 변수에 접근하려면 게터^{getter}와 세터^{setter} 메서드가 필요합니다. 각각 읽기와 쓰는 기능을 합니다. 변수 앞에 _가 없으면 어디에서든 접근할 수 있는 퍼블릭 변수이므로 게터와 세터

메서드를 작성할 필요 없습니다. 그런데 _를 붙이면 프라이빗 변수이므로 클래스 외부에서 접근하려면 게터와 세터 메서드를 작성해야 합니다.

```
// person.dart
class Person {
  String name;
  int _age;

  int get age => _age;
}

// main.dart
import 'person.dart'

...생략...
var person = Person();
print(person.age);   // _age 값이 출력됨
```

게터는 프라이빗 변숫값에 변경을 주어 사용할 때도 유용합니다. 다음은 사각형을 나타내는 클래스 Rectangle입니다. int 또는 double 타입으로 left, top, width, height 프로퍼티를 가집니다. 프로퍼티는 게터로 가져오고 세터로 설정합니다. 프로퍼티끼리 직접 계산하는 방식보다 게터와 세터를 이용해 계산하는 방식이 코딩 실수로 발생하는 오류를 줄일 수 있습니다.

```
class Rectangle {
  num left, top, width, height;

  Rectangle(this.left, this.top, this.width, this.height);

  num get right => left + width;              // right 게터
  set right(num value) => left = value - width;   // right 세터
  num get bottom => top + height;             // bottom 게터
  set bottom(num value) => top = value - height;  // bottom 세터
}
```

2.5.5 상속

현실 세계의 상속은 재산을 물려받는 겁니다. 상속을 주는 쪽이 슈퍼클래스(또는 부모 클래스),

받는 쪽을 서브클래스(또는 자식 클래스)입니다. 컴퓨터 세계의 상속은 슈퍼클래스를 그대로 복사한 후 기능 추가나 변경이 첨가됩니다.

다음은 run( ) 메서드를 가진 Hero 클래스를 SuperHero 클래스가 extends 키워드를 사용하여 상속받아 새로운 기능을 추가한 예입니다. 상속을 받으면 원래 있던 기능을 그대로 물려받는데, 만약 새로 정의하고 싶다면 @override 어노테이션을 사용해 오버라이드하여 재정의하면 됩니다. 이때 super 키워드를 사용하면 슈퍼클래스에 접근할 수 있습니다. 나 자신을 참조할 때는 this를 사용할 수 있지만 일반적으로 생략합니다.

Hero 클래스는 name 프로퍼티와 run( ) 메서드를 가지고 있습니다. SuperHero 클래스는 영웅의 모든 기능을 가지고 있으며 달리다가 날아가도록 run( ) 메서드를 오버라이드했습니다.

```dart
class Hero {
  String name = '영웅';

  void run() {}
}

class SuperHero extends Hero {   // Hero를 상속
  // 부모의 run() 메서드를 다시 정의(오버라이드)
  @override
  void run() {
    super.run();   // 부모의 run()을 실행
    this.fly();    // 추가로 fly()도 실행
  }

  void fly() {}
}

void main() {
  var hero = SuperHero();
  hero.run();          // ok
  hero.fly();          // ok
  print(hero.name);    // 영웅
}
```

이와 같이 상속은 기존 기능을 재정의할 때 사용합니다. 그리고 상속은 포함 관계를 만듭니다. 위 코드에서 SuperHero는 Hero에 포함되는 관계가 성립합니다.

2.5.6 추상 클래스

추상 클래스^{abstract class}는 추상 메서드를 포함하는 클래스입니다. 추상 메서드는 선언만 되고 정의가 없는 메서드입니다.

```
abstract class Monster {
  void attack();
}
```

추상 클래스는 그대로 인스턴스화할 수 없으며 다른 클래스에서 임플리먼트^{implement}하여 기능을 완성하는 상속 재료로 사용됩니다. 이때 대상 클래스에는 implements 키워드를, 메서드에는 @override 키워드를 사용합니다.

```
class Goblin implements Monster {
  @override
  void attack() {
    print('고블린 어택');
  }
}

class Bat implements Monster {
  @override
  void attack() {
    print('할퀴기!');
  }
}
```

여러 추상 클래스를 한 번에 임플리먼트할 수 있습니다. 추상 클래스를 구현할 때는 모든 추상 메서드를 재정의해야 합니다.

```
abstract class Flyable {
  void fly();
}

class Bat implements Monster, Flyable {
  @override
  void attack() {
```

```
    print('할퀴기!');
  }

  @override
  void fly() {
    print('펄럭펄럭');
  }
}
```

2.5.7 믹스인

with 키워드를 사용하면 상속하지 않고 다른 클래스의 기능을 가져오거나 오버라이드할 수 있습니다. 이러한 기능을 믹스인^{mixin}이라고 합니다.

다음 예제에서 DarkGoblin은 Monster 클래스, Goblin 클래스, Hero 클래스의 기능을 모두 가지고 있습니다.

```
class Goblin implements Monster {
  @override
  void attack() {
    print('고블린 어택');
  }
}


class DarkGoblin extends Goblin with Hero {

}
```

이렇게 작성된 다크 고블린은 Goblin이기도 하며 Hero이기도 하며 Monster이기도 합니다. 이러한 것을 다형성이라고 합니다.

2.5.8 열거 타입

열거 타입^{enum type}은 상수를 정의하는 특수한 형태의 클래스입니다. 예를 들어 로그인과 로그아웃 두 가지 상태만 있는 시스템에서는 사용할 상태를 열거 타입으로 정의하면 유용합니다.

```
enum Status { login, logout }
```

열거 타입은 상수처럼 사용할 수 있습니다. 그리고 switch 문과 함께 사용하면 열거 타입으로 정의된 모든 상수를 case로 검토하도록 강제하기 때문에 에러를 방지하는 효과도 있습니다.

```
var authStatus = Status.logout;

switch(authStatus) {
  case Status.login:
    print('로그인');
    break;
  case Status.logout:    // 없으면 에러
    print('로그아웃');
    break;
}
```

2.6 컬렉션

다트는 List, Map, Set 등의 컬렉션collection을 제공합니다(다트에서 컬렉션은 기본 제공하는 자료 구조를 말합니다).

- List : 같은 타입의 자료를 여러 개 담을 수 있고 특정 인덱스로 접근할 수 있습니다.
- Map : 키(key)와 값(value)의 쌍으로 저장할 수 있고, 키를 통해 값을 얻을 수 있습니다.
- Set : 중복이 허용되지 않고, 찾는 값이 있는지 없는지 판단하고자 할 때 사용합니다.

대표 컬렉션인 List, Map, Set을 알아보겠습니다.

2.6.1 List

List는 순서가 있는 자료를 담는 컬렉션입니다. 다른 언어에서는 대부분 배열과 리스트가 별도로 제공되지만, 다트는 배열을 제공하지 않습니다.

```
List<String> items = ['짜장', '라면', '볶음밥'];
```

<String>은 리스트에 담길 데이터 타입을 지정한 겁니다. 하지만 컬렉션도 타입 추론을 사용할 수 있어 일반적으로는 var로 선언합니다.

```dart
var items = ['짜장', '라면', '볶음밥'];
```

사용 방법은 마치 다른 언어의 배열과 흡사합니다.

```dart
var items = ['짜장', '라면', '볶음밥'];

items[0] = '떡볶이';    // 인덱스는 0부터 시작

print(items.length);    // 3
print(items[2]);        // 볶음밥
print(items[3]);        // 에러!!

for (var i = 0; i < items.length; i++) {
  print(items[i]);      // 떡볶이 라면 볶음밥
}
```

> **NOTE_ dynamic**
>
> 모든 타입을 대변하는 **dynamic**이라는 특수한 타입이 있습니다. 여러 타입을 한 리스트에 넣거나 일반 변수를 선언할 때도 사용할 수 있습니다. 이때도 명시적으로 **List<dynamic>**을 쓰는 대신 **var**를 사용할 수 있습니다.
>
> ```dart
> var list = [1, 2, 4, '헬로'];
>
> List<dynamic> list = [1, 2, 4, '헬로'];
> ```

2.6.2 스프레드 연산자(...)

... 연산자는 컬렉션을 펼쳐주는 연산자로 스프레드spread 연산자라고 합니다. 다른 컬렉션 안에 컬렉션을 삽입할 때 사용합니다.

```dart
// List<String> items = ['짜장', '라면', '볶음밥'];과 같음
var items = ['짜장', '라면', '볶음밥'];

var items2 = ['떡볶이', ...items, '순대'];    // 떡볶이, 짜장, 라면, 볶음밥, 순대
```

다음과 같이 리스트를 Set에 담게 되면 자동으로 중복 제거의 효과도 얻을 수 있습니다.

```
final items = [1, 2, 2, 3, 3, 4, 5];

final myNumbers = {...items, 6, 7};
print(myNumbers);   // 1, 2, 3, 4, 5, 6, 7
```

2.6.3 Map

순서가 없고 탐색이 빠른 자료구조 컬렉션입니다. 키^{key}와 값^{value}의 쌍으로 이루어져 있어 키를 이용하여 값을 빠르게 얻을 수 있습니다. 만약 요청한 키에 해당하는 값이 없다면 값 없음을 의미하는 null을 반환합니다.

```
// Map<String, String> cityMap = { ...생략... };과 같음
var cityMap = {
  '한국': '부산',
  '일본': '도쿄',
  '중국': '북경'
};

cityMap['한국'] = '서울';

print(cityMap.length);     // 3
print(cityMap['중국']);     // 북경
print(cityMap['미국']);     // null

cityMap['미국'] = '워싱턴';   // 새로운 값 추가
print(cityMap['미국']);     // 워싱턴
```

2.6.4 Set

집합을 표현하는 자료구조 컬렉션입니다. add(), remove() 메서드로 집합에 추가하거나 삭제할 수 있습니다. contains() 메서드는 찾고자 하는 자료가 집합에 있는지 없는지 불리언 타입으로 반환하기 때문에 집합에 요소가 있는지 검사할 때 사용합니다. 리스트와 다르게 중복을 허용하지 않습니다.

```
// Set<String> citySet = { ...생략... };과 같음
var citySet = {'서울', '수원', '오산', '부산'};

citySet.add('안양');        // 추가
citySet.remove('수원');     // 삭제

print(citySet.contains('서울'));    // true
print(citySet.contains('도쿄'));    // false
```

빈 Set이나 빈 Map을 작성할 때는 문법을 조심해야 합니다. 값 없이 그냥 {}만 작성하면 Set이
아닌 Map으로 인식합니다.

```
// Set<String> mySet = {}와 같음
var mySet = <String>{};    // Set<String>

var mySet2 = {};    // Map<dynamic, dynamic>
```

2.7 함수형 프로그래밍

다트는 객체 지향 프로그래밍과 함수형 프로그래밍의 특징을 모두 제공합니다. 함수형 프로그
래밍functional programming은 자료 처리를 수학적 함수의 계산으로 취급하는 프로그래밍 패러다임
입니다(상태와 가변 데이터를 기피합니다). 이게 무슨 말인지는 예제를 살펴보며 이해하는 것
이 좋을 것 같습니다. 특히 다트의 컬렉션은 함수형 프로그래밍을 지원하는 다양한 함수를 제
공합니다. 자주 사용하는 몇 가지를 알아봅시다.

2.7.1 일급 객체

다트에서는 함수를 값으로 취급할 수 있습니다. 그러므로 다른 변수에 함수를 대입할 수 있습
니다.

```
void greeting(String text) {
  print(text);
}

void main() {
  var f = greeting;   // 함수를 다른 변수에 대입할 수 있음
  f('hello');
}
```

다른 함수의 인수로 함수 자체를 전달하거나 함수를 반환받을 수도 있습니다.

```
void something(Function(int i) f) {
  f(10);
}

void main() {
  something((value) {
    print(value);
  });
}
```

위 코드에서 something( ) 함수는 인수로 Function이라는 특수한 클래스의 인스턴스를 받습니다. Function은 다트에서 함수를 매개변수로 전달하고자 할 때 사용하는 타입입니다. something( ) 함수는 내부에서 10이 매개변수로 전달된 f( ) 함수를 돌려줍니다. f( ) 함수는 익명 함수입니다. 여기서는 print를 수행합니다. 그 결과 이 코드는 10을 출력합니다.

이렇게 함수를 매개변수로 전달하기, 수정하기, 변수에 대입하기가 가능한 객체를 일급 객체 first-class object라고 합니다.

다트에서 함수를 표현할 수 있는 것들(람다식, 익명 함수, 메서드)은 모두 값으로 취급할 수 있습니다. 따라서 함수를 다른 함수에 전달하는 방법도 여러 가지입니다.

```
void something(Function(int i) f) {
  f(10);
}

void myPrintFunction(int i) {
```

```
    print('내가 만든 함수에서 출력한 $i');
  }

  void main() {
    something(myPrintFunction);              // 내가 만든 함수에서 출력한 10
    something((i) => myPrintFunction(i));    // 내가 만든 함수에서 출력한 10
    something((i) => print(i));   // 10
    something(print);             // 10
  }
```

2.7.2 for 문과 forEach( ) 함수

for 문은 대표적인 반복문입니다. for 문은 외부 반복을 합니다. for 문으로 외부 반복하여 리스트 내용을 출력해보겠습니다.

```
final items = [1, 2, 3, 4, 5];

for (var i = 0; i < items.length; i++) {
  print(items[i]);   // 1, 2, 3, 4, 5
}
```

반면 forEach( ) 함수는 내부 반복을 수행합니다. 외부에서 코드로 봤을 때는 반복문 형태를 띠지 않지만 내부적으로는 반복을 하고 있습니다.

forEach( ) 함수는 (E element) {} 형태의 함수를 인수로 받습니다(E는 모든 타입이 가능하다는 것을 의미합니다. 다음 예제에서는 int 타입의 인수를 하나 받습니다). print( ) 함수도 int 타입의 인수를 하나 받을 수 있습니다. 따라서 위의 for 문 예제와 같은 코드를 print( )와 forEach( ) 함수를 사용해 다음과 같이 구현할 수 있습니다.

```
items.forEach(print);   // 1, 2, 3, 4, 5
```

이를 익명 함수로 표현하면 다음과 같습니다.

```
items.forEach((e) {
  print(e);
});
```

이를 람다식으로 표현하면 다음과 같습니다.

```
items.forEach((e) => print(e));
```

(e) => print 형태의 함수에서 e는 items의 각 요소가 내부적으로 반복하면서 하나씩 들어올 인수입니다. 이것을 print 함수에 전달한다는 의미입니다.

다음 코드도 같은 결과를 냅니다.

```
items.forEach(print);
```

2.7.3 where

조건을 필터링할 때 사용하는 함수입니다. 예를 들어 짝수만 출력하고 싶을 때 for 문과 if 문을 사용하는 코드는 다음과 같습니다.

```
final items = [1, 2, 3, 4, 5];

for (var i = 0; i < items.length; i++) {
  if (items[i] % 2 == 0) {
    print(items[i]);      // 2, 4
  }
}
```

where() 함수를 활용하면 다음과 같이 작성할 수 있습니다.

```
items.where((e) => e % 2 == 0).forEach(print);   // 2, 4
```

함수형 프로그래밍을 지원하는 함수들은 결과를 반복 가능한 타입으로 반환하며 메서드 체인 (. 연산자를 찍고 연속적으로 사용하는 것)으로 연결하여 사용할 수 있습니다.

2.7.4 map

map() 함수는 반복되는 값을 다른 형태로 변환하는 방법을 제공하는 함수입니다. 다음은 짝수를 찾아 '숫자'라는 글자를 붙여 문자열 형태로 출력하는 예제입니다.

```dart
final items = [1, 2, 3, 4, 5];

for (var i = 0; i < items.length; i++) {
  if (items[i] % 2 == 0) {
    print('숫자 ${items[i]}');   // 숫자 2, 숫자 4
  }
}
```

map() 함수를 사용하면 다음과 같이 작성 가능합니다.

```dart
items.where((e) => e % 2 == 0).map((e) => '숫자 $e').forEach(print);
```

2.7.5 toList

다트에서 함수형 프로그래밍을 지원하는 함수 대부분은 Iterable<T>라는 인터페이스 타입 인스턴스를 반환합니다. 하지만 실제 사용할 때는 대부분 리스트 형태로 변환해야 하는 경우가 많습니다. 결과를 리스트로 저장하는 예제 코드를 살펴보겠습니다.

```dart
final result = [];
items.forEach((e) {
  if (e % 2 == 0) {
    result.add(e);
  }
});
```

toList() 함수를 사용하면 간단히 리스트로 변환할 수 있습니다.

```dart
final result = items.where((e) => e % 2 == 0).toList();
```

toList() 함수는 where(), map()과 같이 Iterable 인터페이스를 반환하는 메서드에서 사용할 수 있습니다.

2.7.6 toSet

리스트에 중복된 데이터가 있을 경우 중복을 제거한 리스트를 얻고 싶을 수 있습니다. for 문을 사용해 짝수 리스트를 얻는 코드를 다음과 같이 구현할 수 있습니다.

```
final items = [1, 2, 2, 3, 3, 4, 5];

var result = [];
for (var i = 0; i < items.length; i++) {
  if (items[i] % 2 == 0) {
    result.add(items[i]);
  }
}
print(result);   // 2, 2, 4
```

where() 함수를 사용하면 다음과 같이 구현할 수 있습니다.

```
final result = items.where((e) => e % 2 == 0).toList();   // 2, 2, 4
```

그런데 결과에 2가 두 번 들어 있습니다. 중복을 피하는 코드를 추가로 작성해봅시다. 중복 데이터를 허용하지 않는 Set에 담은 후 리스트로 변환하면 중복을 피할 수 있습니다.

그럼 for 문을 이용해서 구현해보겠습니다.

```
final items = [1, 2, 2, 3, 3, 4, 5];

var result = [];
var temp = <int>{};
for (var i = 0; i < items.length; i++) {
  if (items[i] % 2 == 0) {
    temp.add(items[i]);
  }
}
result = temp.toList();
print(result);   // 2, 4
```

where() 함수와 toSet() 함수를 함께 사용하면 다음과 같이 간단히 중복 데이터를 없앨 수 있습니다.

```
final result = items.where((e) => e % 2 == 0).toSet().toList();   // 2, 4
```

2.7.7 any

any() 함수는 리스트에 특정 조건을 충족하는 요소가 있는지 없는지 검사할 때 사용합니다. 다음은 리스트에 짝수가 하나라도 있는지 검사하여 결과를 출력하는 코드입니다.

```dart
final items = [1, 2, 2, 3, 3, 4, 5];

var result = false;
for (var i = 0; i < items.length; i++) {
  if (items[i] % 2 == 0) {
    result = true;
    break;
  }
}
print(result);   // true
```

any() 함수를 사용하면 다음과 같이 작성할 수 있습니다.

```dart
print(items.any((e) => e % 2 == 0));   // true
```

2.7.8 reduce

reduce() 함수는 반복 요소를 줄여가면서 결과를 만들 때 사용하는 함수입니다.

다음 예제는 리스트에서 최댓값을 구할 때 순차적으로 비교하는 로직입니다. dart:math 패키지는 max(), min() 등 다양한 수학 함수를 제공합니다. 이 함수들을 사용하려면 dart:math 패키지를 임포트해야 합니다.

```dart
import 'dart:math';
```

하나하나 비교하여 가장 큰 요소를 찾는 코드를 살펴보겠습니다.

```
final items = [1, 2, 3, 4, 5];

var maxResult = items[0];
for (var i = 1; i < items.length; i++) {
  maxResult = max(items[i], maxResult);
}
print(maxResult);   // 5
```

reduce() 함수는 연산 결과를 다음 요소와 연산합니다(마지막 요소까지 이 방식을 사용합니다). [타입]([타입] value, [타입] element) 형태의 함수를 정의해야 합니다. 항상 두 인수를 받고, 반환값은 인수와 같은 타입이어야 합니다. max() 함수는 정수인 두 수(e, v)를 받아서 큰 수를 반환하므로 이에 적합합니다.

```
final items = [1, 2, 3, 4, 5];
print(items.reduce((e, v) => max(e, v)));   // 5
```

다음과 같이 reduce() 함수 결과를 max() 함수에 직접 전달할 수 있습니다.

```
final result = items.reduce(max);   // 5
```

2.8 기타 유용한 기법

다트의 버전이 올라가면서 유용한 기능이 계속해서 추가되고 있는데, 이러한 기능들을 잘 사용하면 좀 더 간결한 코드를 작성하는 데 도움이 됩니다. 계단식 표기법, 컬렉션 if, 컬렉션 for, null을 다루는 연산자를 알아봅시다.

2.8.1 계단식 표기법 .. 연산자

계단식 표기법cascade notation .. 연산자를 사용하면 동일 객체에서 일련의 작업을 수행할 수 있습니다. 컬렉션의 add() 메서드는 void를 반환하고 remove() 메서드는 bool을 반환하지만 .. 연산자를 사용하면 메서드를 수행한 객체의 참조를 반환합니다.

다음은 리스트에 6을 추가하고 2를 제거하여 출력하는 코드입니다.

```
final items = [1, 2, 3, 4, 5];

var result = items;
result.add(6);
result.remove(2);
print(result);    // 1, 3, 4, 5, 6
```

.. 연산자를 사용하면 다음과 같이 표현할 수 있습니다.

```
print(items
  ..add(6)
  ..remove(2));    // 1, 3, 4, 5, 6
```

매번 리스트가 반환되어 임시 변수를 만드는 단계가 절약되고 더 유동적인 코드를 작성할 수 있습니다.

2.8.2 컬렉션 if

조건에 의해 컬렉션의 값을 조정하거나 다르게 사용하고 싶을 때 일반적인 방법은 다음과 같습니다.

```
bool promoActive = false;

if (promoActive) {
  print([1, 2, 3, 4, 5, 6]);
} else {
  print([1, 2, 3, 4, 5]);    // 출력
}
```

다트에서는 컬렉션 내부에 if 문이나 for 문을 사용할 수 있습니다(이때 {} 블록은 사용할 수 없습니다). 컬렉션 if를 사용하면 임시 변수를 작성하지 않아도 되며 좀 더 유동적인 코드를 작성할 수 있습니다.

```
bool promoActive = true;

print([1, 2, 3, 4, 5, if (promoActive) 6]);   // [1, 2, 3, 4, 5, 6]
```

2.8.3 컬렉션 for

다음과 같이 컬렉션 문법 안에서 for 문을 사용할 수 있습니다.

```
var listOfInts = [1, 2, 3];
var listOfStrings = [
  '#0',
  for (var i in listOfInts) '#$i'
];

listOfStrings.forEach(print);   // #0, #1, #2, #3
```

2.8.4 null 처리에 관한 기능

값이 없다는 의미의 null은 에러를 유발하기 쉽습니다. 값이 null인 객체에 접근해 조작하면
프로그램은 에러를 내면서 중지하게 됩니다. 다음은 값이 null인 객체를 조작하는 예입니다.

```
String name = null;
print(name.length);
```

위 코드를 실행하면 다음과 같은 에러가 발생합니다.

```
Unhandled exception:
NoSuchMethodError: The getter 'length' was called on null.
Receiver: null
Tried calling: length
```

다트는 null을 처리할 수 있는 여러 가지 방법을 제공합니다.

참고로 다트에서는 모든 것이 객체입니다. 심지어 int, double, bool 같은 타입도 모두 클래
스입니다. 이러한 타입들은 모두 null 값을 가질 수 있습니다. 그러므로 다트에서 모든 타입은
null일 수 있습니다.

일반적으로 프로그래밍에서는 if 문을 사용하여 null인지 아닌지 검사합니다.

```
if (name != null) {
  print(name.length);
}
```

그런데 다트에서 제공하는 ?. 연산자를 사용하면 null 여부를 간단히 판단할 수 있습니다. 객체의 프로퍼티나 메서드에 접근할 때 . 연산자 대신 ?. 연산자를 사용하면 객체가 null일 때 에러를 발생하는 대신 null을 반환합니다.

```
print(name?.length);   // null 출력
```

?? 연산자는 객체가 null일 때 작동을 간단히 구현하는 데 사용합니다. 예를 들어 객체가 null이 아니면 길이를, null이면 0을 반환하는 코드는 일반적으로 다음과 같이 작성합니다.

```
if (name != null) {
  print(name.length);
} else {
  print(0);
}
```

하지만 ?? 연산자를 사용하면 다음과 같이 간단히 작성할 수 있습니다.

```
print(name?.length ?? 0);   // name이 null이면 0을 출력
```

2.9 마치며

이 장에서는 다트 문법을 배웠습니다. 눈으로만 읽어서는 문법을 익힐 수 없습니다. 꼭 직접 타이핑하고 이리저리 바꿔가면서 내 것으로 만들기 바랍니다. 당장 이해되지 않더라도 너무 염려할 필요 없습니다. 앞으로 플러터로 앱을 만들면서 자연스레 문법과 친숙해지게 될 겁니다.

3장 프로젝트 구조와 앱 구조

이 장에서는 프로젝트 구조와 앱 구조를 알아봅니다. 앱 구조는 3.2절에서 샘플 앱을 분석하고 간단한 실습을 하며 알아볼 겁니다. 안드로이드 스튜디오를 구동하고 하나하나 살피며 책을 따라하기 바랍니다.

이 장에서 다루는 내용은 다음과 같습니다.

- 프로젝트 구조 이해
- 샘플 앱 분석하기
- 간단한 실습

3.1 프로젝트 구조 이해

플러터 앱을 잘 만들려면 먼저 프로젝트를 구성하는 폴더와 파일 역할을 알아야 합니다. 1장에서 생성한 flutter_app을 기준으로 간단히 살펴보겠습니다.

다음은 프로젝트 창입니다. 크게 ❶ 프로젝트를 구성하는 폴더 ❷ 프로젝트를 구성하는 파일로 구분해서 알아보겠습니다.

▶ 프로젝트 창

프로젝트를 구성하는 폴더는 다음과 같습니다.

- **.idea** : 개발 도구에 필요한 설정
- **android** : 안드로이드 네이티브 코드를 작성하는 부분
- **build** : 빌드시 생성되는 파일

- **ios** : iOS 네이티브 코드를 작성하는 부분
- **lib** : 다트 코드를 작성하는 부분
- **test** : 테스트 코드를 작성하는 부분

프로젝트를 구성하는 파일은 다음과 같습니다.

- **.gitignore** : Git 설정 파일. 버전 관리시 무시할 파일 규칙 작성
- **.metadata** : 프로젝트가 관리하는 파일. 임의로 수정하지 않습니다.
- **.packages** : 각종 패키지 정보. 임의로 수정하지 않습니다.
- **flutter_app.iml** : 개발 도구에 필요한 설정 파일. 임의로 수정하지 않습니다.
- **pubspec.lock** : 패키지 매니저가 이용하는 파일. 임의로 수정하지 않습니다.
- **pubspec.yaml** : 패키지 매니저가 이용하는 파일
- **README.md** : 프로젝트 설명을 작성하는 파일

.gitignore, pubspec.yaml, README.md 파일을 제외한 나머지 파일은 임의로 수정하면 안 됩니다.

3.2 샘플 앱 분석하기

프로젝트를 새로 작성하면 샘플 앱이 표시됩니다. 프로젝트 창의 lib 폴더에서 main.dart 파일을 클릭하면 전체 코드를 볼 수 있습니다. 아래 코드는 원래 있던 주석을 제거하고 별도의 주석으로 대체했습니다.

```dart
import 'package:flutter/material.dart';

// 앱 시작 부분
void main() => runApp(MyApp());

// 시작 클래스. 머티리얼 디자인 앱 생성
class MyApp extends StatelessWidget {
  @override
  Widget build(BuildContext context) {
    return MaterialApp(
      title: 'Flutter Demo',
      theme: ThemeData(
        primarySwatch: Colors.blue,
      ),
```

```dart
      home: MyHomePage(title: 'Flutter Demo Home Page'),   // 표시할 화면의 인스턴스
    );
  }
}

// 시작 클래스가 실제로 표시하는 클래스. 카운터 앱 화면
class MyHomePage extends StatefulWidget {
  MyHomePage({Key key, this.title}) : super(key: key);

  final String title;

  @override
  _MyHomePageState createState() => _MyHomePageState();
}
// 위 MyHomePage 클래스의 상태를 나타내는 State 클래스
class _MyHomePageState extends State<MyHomePage> {
  int _counter = 0;   // 화면에 표시할 상태값인 카운터 숫자

  // counter 변수를 1 증가시키고 화면을 다시 그리는 메서드
  void _incrementCounter() {
    setState(() {   // 화면을 다시 그리도록 하는 함수. StatefulWidget만 가능
      _counter++;
    });
  }

  // 화면에 UI를 그리는 메서드. 그려질 위젯을 반환
  @override
  Widget build(BuildContext context) {
    return Scaffold(    // 머티리얼 디자인 기본 뼈대 위젯
      appBar: AppBar(   // 상단 앱바
        title: Text(widget.title),
      ),
      body: Center(   // 표시할 내용
        child: Column(
          mainAxisAlignment: MainAxisAlignment.center,
          children: <Widget>[
            Text(
              'You have pushed the button this many times:',
            ),
            Text(
              '$_counter',   // _counter 변수를 표시
              style: Theme.of(context).textTheme.display1,
```

```
        ),
      ],
    ),
  ),
  floatingActionButton: FloatingActionButton(
    onPressed: _incrementCounter,    // 클릭 시 _incrementCounter() 메서드 실행
    tooltip: 'Increment',
    child: Icon(Icons.add),    // 상단 앱바
  ),
);
  }
}
```

샘플 앱을 실행해봅시다.

❶ 안드로이드 스튜디오를 실행합니다. 1장에서 만든 flutter_app 프로젝트가 기본으로 뜰 겁니다.

❷ 'AVD Manager'를 클릭해 에뮬레이터를 실행합니다.

❸ 'Flutter Device Selection'에서 에뮬레이터를 선택합니다.

❹ Shift+F10 혹은 Run 'main.dart' 버튼을 눌러 실행합니다.

샘플 앱은 + 버튼을 누르면 숫자가 증가하는 간단한 카운터 앱입니다.

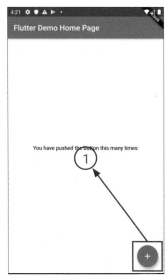

▶ 카운터 앱 실행 화면

3.2.1 앱 구조

카운터 앱의 코드를 분석하면서 플러터 동작 방식을 이해해봅시다. 앱의 전체 구조를 파악해볼 겁니다. 카운터 앱의 main.dart 파일은 여러 코드 덩어리로 구성되어 있습니다.

```
import 'package:flutter/material.dart';

void main() => runApp(MyApp());

class MyApp extends StatelessWidget { ...생략... }

class MyHomePage extends StatefulWidget { ...생략... }

class _MyHomePageState extends State<MyHomePage> { ...생략... }
```

위 세 덩어리는 사실상 거의 수정하지 않는 부분입니다. 그중 아래쪽 두 덩어리인 MyHomePage와 _MyHomePageState는 샘플 앱의 화면을 나타내는 코드입니다. 모든 코드는 사실상 마지막 덩어리인 _MyHomePageState에 작성합니다.

3.2.2 앱 실행 부분

먼저 import 부분을 살펴봅니다. 플러터에서는 화면을 그리는 모든 디자인 요소를 위젯^{widget}이라고 합니다. package:flutter/material.dart 패키지에는 머티리얼 디자인 위젯들이 포함되어 있습니다. 머티리얼 디자인을 기본으로 하는 앱은 이 패키지를 임포트하여 머티리얼 디자인 위젯을 사용할 수 있습니다.

```
import 'package:flutter/material.dart';
```

main() 함수는 앱의 시작점입니다. 여기서는 runApp() 함수에 MyApp() 인스턴스를 전달합니다. 이 부분은 특별히 수정할 일이 없습니다.

```
void main() => runApp(MyApp());
```

3.2.3 StatelessWidget 클래스

StatelessWidget 클래스는 상태가 없는 위젯을 정의하는 데 사용됩니다. runApp() 함수에 전달된 MyApp 클래스는 다음과 같이 정의되어 있습니다.

```
class MyApp extends StatelessWidget {    ❶
  @override
  Widget build(BuildContext context) {
    return MaterialApp(...생략...);       ❷
  }
}
```

MyApp 클래스는 StatelessWidget 클래스의 서브클래스입니다. StatelessWidget 클래스는 상태State를 가지지 않는 위젯을 구성하는 기본 클래스입니다. 여기서 상태를 가지지 않는다는 것은 한 번 그려진 후 다시 그리지 않는 경우이며, 이러한 클래스는 프로퍼티로 변수를 가지지 않습니다(상수는 가질 수 있습니다).

StatelessWidget 클래스는 build() 메서드를 가지고 있습니다. build() 메서드는 위젯을 생성할 때 호출되는데, 실제로 화면에 그릴 위젯을 작성해 반환합니다.

따라서 ❶ StatelessWidget 클래스를 상속받은 MyApp 클래스는 ❷ MaterialApp 클래스의 인스턴스를 작성해 반환합니다.

3.2.4 MaterialApp 클래스

build() 메서드가 반환하는 MaterialApp 클래스는 다음과 같습니다. 여기까지는 거의 모든 프로젝트에서 같습니다.

```
return MaterialApp(
  title: 'Flutter Demo',
  theme: ThemeData(
    primarySwatch: Colors.blue,
  ),
  home: MyHomePage(title: 'Flutter Demo Home Page'),
);
```

사실 한 줄짜리 코드지만 보기 좋게 개행해서 여러 줄 코드처럼 보입니다. 여기서는 title, theme, home 세 가지 이름이 있는 인수를 설정합니다. 이 프로퍼티들을 설정하여 위젯의 속성을 표현합니다.

title은 말 그대로 제목을 나타냅니다. theme는 테마를 지정합니다. 여기서는 파랑 계열의 색상 테마가 기본으로 설정되어 있습니다. home에 작성하는 위젯이 실제 이 앱이 표시히는 위젯이 됩니다.

NOTE_ 이름 있는 인수

다트 언어에는 이름 있는 인수와 이름 없는 인수(일반 인수)가 있습니다. 위젯에 따라 각각 사용 방법이 다릅니다.

- 이름 있는 인수는 인수 앞에 인수명을 씁니다.

  예) `MyHomePage(title: 'hello')`

- 이름 없는 인수는 다른 여타 언어와 같이 인수명을 쓰지 않습니다.

  예) `Text('hello')`

플러터에서 이름 있는 인수는 클래스의 프로퍼티에 값을 할당하는 것이며, 그 모양새는 클래스의 속성을 의미합니다.

3.2.5 StatefulWidget 클래스

상태가 있는 위젯을 정의할 때는 StatefulWidget 클래스를 사용합니다. StatefulWidget 클래스는 StatefulWidget을 상속받은 MyHomePage 클래스와 State<MyHomePage> 클래스를 상속받은 _MyHomePageState 클래스로 구성됩니다.

샘플 앱은 다음과 같은 형태로 작성되어 있습니다.

```
class MyHomePage extends StatefulWidget {
  MyHomePage({Key key, this.title}) : super(key: key);    ❶

  final String title;

  @override
  _MyHomePageState createState() => _MyHomePageState();    ❷
}
```

```
class _MyHomePageState extends State<MyHomePage> {
  int _counter = 0;   // 변경 가능한 상태  ❸

  ...생략...

  @override
  Widget build(BuildContext context) {  ❹
    return Scaffold(...생략...)
  }
}
```

❶ MyHomePage 클래스의 생성자는 key와 title 프로퍼티를 옵션으로 받아서 super 키워드로
부모 클래스의 생성자에 key를 전달합니다.

❷ MyHomePage 클래스에는 상속받은 createState() 메서드를 재정의하여 _MyHomePageState
클래스의 인스턴스를 반환합니다. 이 메서드는 StatefulWidget이 생성될 때 한 번만 실행되
는 메서드입니다.

❸ State 클래스를 상속받은 클래스를 상태 클래스라고 부릅니다. 상태 클래스는 변경 가능한
상태를 프로퍼티 변수로 표현합니다. 나중에 이 변수의 값을 변경하면서 화면을 다시 그리게
됩니다.

❹ _MyHomePageState 클래스의 상태에 따라 화면에 그려질 코드를 여기에 작성합니다. 모양새
는 StatelessWidget 클래스와 똑같습니다. build() 메서드를 가지고 있고 여기에 화면에 그
려질 부분을 정의합니다.

3.2.6 위젯에서 위젯으로 값 전달

위젯에서 위젯으로 값을 전달하는 과정을 살펴봅시다. MaterialApp 클래스에서 home 프로퍼
티에 MyHomePage 인스턴스를 (생성하고) 인수로 전달하며, 그와 동시에 MyHomePage의 title
인숫값으로 'Flutter Demo Home Page'를 전달했습니다.

```
...생략...
return MaterialApp(
  title: 'Flutter Demo',
  theme: ThemeData(
```

```
      primarySwatch: Colors.blue,
    ),
    home: MyHomePage(title: 'Flutter Demo Home Page'),
  );
  ...생략...
```

이렇게 전달받은 title 인숫값은 MyHomePage 클래스의 생성자의 this.title 매개변수로 전달되어 필드 상수인 String title에 대입됩니다.

```
class MyHomePage extends StatefulWidget {
  // 생성자
  MyHomePage({Key key, this.title}) : super(key: key);

  final String title;
  ...생략...
}
// 상태 클래스
class _MyHomePageState extends State<MyHomePage> {
  @override
  Widget build(BuildContext context) {
    return Scaffold(
      appBar: AppBar(
        title: Text(widget.title),    ❶
      ),
    );
  }
}
```

이렇게 위젯 사이의 데이터 전달은 생성자를 활용합니다. 상태 클래스에서 StatefulWidget 클래스에 접근하려면 ❶ widget 프로퍼티를 사용합니다.

3.2.7 상태 변경

State 클래스에는 주로 상태를 저장할 변수들과 그 변수를 조작할 메서드를 작성합니다. 카운터 앱의 State 클래스는 다음과 같이 정의되어 있습니다.

```
class _MyHomePageState extends State<MyHomePage> {
  int _counter = 0;

  void _incrementCounter() {
    setState(() {
      _counter++;
    });
  }

  @override
  Widget build(BuildContext context) {
    return Scaffold(...생략...)
  }
}
```

정수형 _counter는 0으로 초기화되어 있고, _incrementCounter() 메서드는 setState() 메
서드를 실행합니다. 여기서 setState() 메서드가 중요합니다. 이 메서드의 인수로 입력 인수
가 없고 반환값이 없는 익명 함수를 작성했습니다. 익명 함수의 내용은 _counter를 1만큼 증가
시키는 겁니다.

setState() 메서드는 전달된 익명 함수를 실행한 후 화면을 다시 그리게 하는 역할을 합니
다. 화면은 build() 메서드가 실행되면서 그려진다고 배웠습니다. 즉, setState() 메서드는
build() 메서드가 다시 실행되게 하는 역할을 합니다. setState() 메서드는 State 클래스가
제공하는 메서드입니다.

정리하면 MyHomePage 클래스는 StatefulWidget의 서브클래스이며 상태를 가질 수 있습니
다. 그리고 그 상태는 State 클래스의 서브클래스로 정의합니다. 여기서 변경 가능한 상태는
_counter 변수입니다. 이 값이 변경될 때마다 화면을 다시 그리면 동적인 화면을 가진 앱이 되
는 겁니다.

3.2.8 Scaffold 클래스와 AppBar 클래스

이제 _MyHomePageState 클래스의 build() 메서드가 호출될 때 불리는 Scaffold 클래스를 알
아보겠습니다. Scaffold 클래스는 머티리얼 디자인 앱을 만들 때 뼈대가 되는 위젯입니다. 즉,
머티리얼 디자인 앱을 만든다면 MaterialApp -> Scaffold가 기본 형태입니다.

▶ 머티리얼 앱의 기본 형태

만약 Scaffold를 작성하지 않는다면 상단 앱바가 없고 머티리얼 디자인이 적용 안 된 화면이 그려지므로 이 구조를 유지하는 것이 디자인 통일에 유익합니다.

카운터 앱의 Scaffold 클래스는 다음과 같이 appBar, body, floatingActionButton을 정의합니다.

```
Scaffold(
  appBar: AppBar(      ❶
    title: Text(widget.title),      ❷
  ),
  body: ...생략...,
  floatingActionButton: ...생략...,
);
```

❶ appBar에 AppBar 클래스의 인스턴스를 전달합니다. AppBar는 머티리얼 디자인 앱에서 상단의 제목과 메뉴를 표시하는 영역을 나타냅니다.

❷ AppBar 클래스는 title 프로퍼티에 Text 위젯을 정의했습니다. Text 위젯은 글자를 나타내는 위젯이며 인수로 widget.title 값을 넘겨받아 화면에 표시합니다. widget은 StatefulWidget 클래스(MyHomePage)의 프로퍼티를 참조할 때 사용합니다.

body 코드를 살펴보겠습니다.

```
int _counter = 0;   ❸
...생략...
body: Center(
    child: Column(
      mainAxisAlignment: MainAxisAlignment.center,
      children: <Widget>[
        Text(
          'You have pushed the button this many times:',
        ),
        Text(
          '$_counter',   ❹
          style: Theme.of(context).textTheme.display1,
        ),
      ],
    ),
  ),
```

숫자가 표시되는 ❹ '$_counter' 부분을 눈여겨보기 바랍니다. _counter는 정수형 변수입니다.
이것을 Text 위젯에 표시하려면 문자열로 변경해야 합니다. 변숫값을 문자열 형태로 변경하고
자 할 때는 변수 앞에 $ 기호를 붙입니다. 이 코드는 최초에 ❸ 0으로 초기화했기 때문에 0을 문
자열로 표시합니다.

이후 사용자가 ⊕ 버튼을 누르면 다음과 같은 _increamentCounter() 메서드가 호출됩니다.

```
void _incrementCounter() {
  setState(() {   ❺
    _counter++;   ❻
  });
}
```

그러면 ❺ setState() 메서드에 의해 ❻ _counter 변수가 1 증가한 후 build() 메서드가 다
시 호출되고 화면이 다시 그려져 숫자가 갱신됩니다.

3.2.9 FloatingActionButton 클래스

Scaffold 클래스는 머티리얼 디자인에 자주 사용되는 FloatingActionButton 클래스를 정의하
는 프로퍼티를 제공합니다. 코드를 살펴보겠습니다.

```
floatingActionButton: FloatingActionButton(
  onPressed: _incrementCounter,
  tooltip: 'Increment',
  child: Icon(Icons.add),
),
```

onPressed 프로퍼티는 버튼이 눌러지면 실행되는 부분입니다. 여기에 동작시킬 코드를 함수 형태로 작성합니다. 다트에서는 함수도 값으로 사용될 수 있기 때문에 _increamentCounter() 메서드의 이름을 직접 값으로 작성했습니다.

다트 문법에서 함수를 인수로 전달하는 방법은 몇 가지가 있는데 앞에서처럼 메서드명을 직접 지정하거나, 다음과 같이 람다식이나 익명 함수를 애용해 지정할 수 있습니다.

```
onPressed: () => _incrementCounter(),
```

```
onPressed: () {
  return _incrementCounter();
},
```

세 방법 모두 같은 결과를 냅니다. 가장 쉽게 느껴지는 것을 선택하여 사용하면 됩니다.

tooltip 프로퍼티에는 사용자가 FloatingActionButton을 길게 터치할 때 표시할 글자를 지정합니다.

child 프로퍼티에는 아이콘 인스턴스를 정의하여 ⊕ 모양 버튼을 표현합니다.

▶ 더하기 아이콘을 표현하는 FloatingActionButton

이것으로 카운터 앱 샘플 코드 분석을 마치겠습니다.

3.3 실습

샘플 앱을 분석하면서 봤던 코드가 복잡해보일 수도 있습니다. 하지만 막상 작성해보면 어렵지 않다는 것을 알게 됩니다.

3.3.1 StatelessWidget 실습

다음과 같이 'Hello World'를 출력하는 간단한 예제를 만들며 연습해보겠습니다. 텍스트만 출력하면 되는 정적인 화면을 갖는 앱이므로 StatelessWidget을 사용합니다.

▶ StatelessWidget 연습 앱

이 예제는 기존 프로젝트를 수정하면서 진행합니다. main.dart 파일을 다음과 같이 수정합니다.

```
import 'package:flutter/material.dart';

void main() => runApp(MyApp());

class MyApp extends StatelessWidget {
  @override
  Widget build(BuildContext context) {
    return MaterialApp(
      title: 'Flutter Demo',
```

```
      theme: ThemeData(
        primarySwatch: Colors.blue,
      ),
      home: Scaffold(
        appBar: AppBar(
          title: Text('Hello World'),
        ),
        body: Text(
          'Hello World',
          style: TextStyle(fontSize: 40),
        ),
      ),
    );
  }
}
```

StatelessWidget의 경우에는 MaterialApp의 home에 바로 작성할 수 있습니다. 이번엔 간단히 연습 겸 한 번에 작성해봤습니다.

물론 앞에서 살펴봤던 샘플 앱처럼 다음과 같이 별도의 클래스로 분리할 수도 있습니다. 클래스나 메서드를 분리하면 코드를 더 작은 단위로 유지하여 가독성이나 유지 보수 측면에서 장점을 가집니다. 위 코드와 아래 코드는 동일한 동작합니다. MyApp 클래스는 최상단에 항상 등장하는 클래스이고, MyHomePage 클래스는 실제 표시할 화면에 대한 코드입니다.

```
import 'package:flutter/material.dart';

void main() => runApp(MyApp());

class MyApp extends StatelessWidget {
  @override
  Widget build(BuildContext context) {
    return MaterialApp(
      title: 'Flutter Demo',
      theme: ThemeData(
        primarySwatch: Colors.blue,
      ),
      home: MyHomePage(),
    );
```

```
    }
  }

class MyHomePage extends StatelessWidget {
  @override
  Widget build(BuildContext context) {
    return Scaffold(
      appBar: AppBar(
        title: Text('Hello World'),
      ),
      body: Text(
        'Hello World',
        style: TextStyle(fontSize: 40),
      ),
    );
  }
}
```

3.3.2 StatefulWidget 실습

버튼을 누르면 글자가 변경되는 예제를 작성해봅시다. main.dart 파일을 다음과 같이 수정합니다.

```
import 'package:flutter/material.dart';

void main() => runApp(MyApp());

class MyApp extends StatelessWidget {
  @override
  Widget build(BuildContext context) {
    return MaterialApp(
      title: 'Flutter Demo',
      theme: ThemeData(
        primarySwatch: Colors.blue,
      ),
      home: MyHomePage(),
    );
  }
}
```

```dart
class MyHomePage extends StatefulWidget {
  @override
  _MyHomePageState createState() => _MyHomePageState();
}

class _MyHomePageState extends State<MyHomePage> {
  var _text = 'Hello';    ❶

  @override
  Widget build(BuildContext context) {
    return Scaffold(
      appBar: AppBar(
        title: Text('Hello World'),
      ),
      body: Text(
        _text,    ❷
        style: TextStyle(fontSize: 40),
      ),
      floatingActionButton: FloatingActionButton(
        onPressed: () {
          setState(() {    ❸
            _text = 'World';
          });
        },
        child: Icon(Icons.touch_app),
      ),
    );
  }
}
```

❶ 'Hello' 값이 할당된 문자열 변수 _text를 준비하고 ❷ Text 위젯에 표시되게 설정하고 ❸ FloatingActionButton을 클릭했을 때 _text를 'World'로 변경하고 setState() 메서드로 화면을 갱신했습니다.

예제를 실행하고 버튼을 탭하면 화면의 글자가 'Hello'에서 'World'로 변경됩니다. 매우 간단한 예제지만 사용자 행동에 따른 처리의 기본을 배울 수 있습니다(간단한 예제로 처음에 한 번만 텍스트가 변합니다. 한 번 더 누른다고 다시 'Hello'가 출력되지는 않습니다).

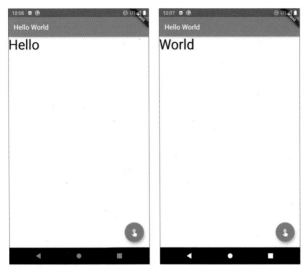

▶ 버튼을 탭하면 글자가 변함

3.3.3 코드 자동 완성 기능 이용하기

안드로이드 스튜디오에는 라이브 템플릿이라는 기능이 있어서 플러터 작성시 다양한 단축 기능을 제공합니다. 여기서는 StatelessWidget와 StatefulWidget 클래스 작성을 빠르게 도와주는 기능을 소개합니다.

StatelessWidget 클래스 빠르게 작성하기

main.dart 파일의 제일 하단에서 소문자로 ❶ stless를 입력하고 ❷ 엔터키를 누릅니다. 코드가 자동 완성됩니다.

▶ 안드로이드 스튜디오에서 stless 입력

클래스명 부분($NAME$)에서 커서가 깜빡입니다. ❸ 클래스명을 입력하고 ❹ 엔터키를 누르면 StatelessWidget 클래스가 완성됩니다.

```
class | extends StatelessWidget {
  @override
  Widget build(BuildContext context) {
    return Container();
  }
}
```

▶ 안드로이드 스튜디오에서 stless로 완성된 기본 형태

StatefulWidget 빠르게 작성하기

main.dart 파일 맨 아래에서 소문자 ❶ stful를 입력하고 ❷ 엔터키를 누릅니다. 코드가 자동
완성됩니다.

▶ 안드로이드 스튜디오에서 stful 입력

클래스명 부분($NAME$)에서 커서가 깜빡입니다. ❸ 클래스명을 입력하고 ❹ 엔터키를 누르면
StatefulWidget 클래스가 완성됩니다.

```
class | extends StatefulWidget {
  @override
  _State createState() => _State();
}

class _State extends State<> {
  @override
  Widget build(BuildContext context) {
    return Container();
  }
}
```

▶ 안드로이드 스튜디오에서 stful로 완성된 기본 형태

3.4 마치며

이 장에서는 프로젝트 구조와 앱 구조를 알아봤습니다. 샘플 앱을 분석하고 간단한 예제를 작성
해보았습니다.

- 머티리얼 디자인 앱은 `MaterialApp`, `Scaffold` 클래스를 기본적으로 사용합니다.
- 앱 시작 부분의 모양은 거의 같습니다.
- 상태가 없는 정적인 화면은 `StatelessWidget` 클래스로 만듭니다.
- 상태가 있는 동적인 화면은 `StatefulWidget` 클래스로 만듭니다.
- IDE에서는 유용한 코드 자동 완성 기능을 제공합니다.

4장 기본 위젯 I

화면을 구성하는 컴포넌트를 위젯이라고 부릅니다. 화면을 구성하려면 다양한 위젯을 조합해야 하므로 가능하면 많은 위젯을 아는 것이 좋습니다. 이 장에서는 자주 사용하는 위젯을 알아보겠습니다.

더 많은 위젯을 만나고 싶다면 공식 웹사이트를 참고하기 바랍니다.

- flutter.dev/docs/development/ui/widgets

이 장에서 다루는 내용은 다음과 같습니다.

- 위젯 사용 방법 연습하기
- 다양한 머티리얼 위젯 사용 방법

4.1 예제를 연습하는 방법

앱을 만들려면 기본 위젯Widget을 알아야 합니다. UI를 위젯의 조합으로 구성하기 때문입니다.

플러터는 머티리얼 디자인을 표준 디자인으로 채용하고, 필요에 따라서 iOS 쿠퍼티노 디자인도 사용할 수 있습니다. 그리고 다양한 화면 크기에 대응하는 방법을 제공합니다.

4.1.1 실습 환경 소개

안드로이드 스튜디오에서 예제를 작성해 실행하면서 이 장을 익힙시다. 기존 샘플 예제의 main.dart 파일을 다음과 같이 수정합니다. MyApp 클래스까지는 공통 코드이며 수정하지 않기 때문에 예시 코드에서는 생략합니다. 주로 ❶ body 프로퍼티의 내용을 수정하는 것을 기본으로 합니다.

```
import 'package:flutter/material.dart';

void main() => runApp(MyApp());

class MyApp extends StatelessWidget {
  @override
  Widget build(BuildContext context) {
    return MaterialApp(
```

```
      title: 'Flutter Demo',
      theme: ThemeData(
        primarySwatch: Colors.blue,
      ),
      home: MyHomePage(),
    );
  }
}
// 여기까지는 공통 코드입니다.

// 여기부터 수정합니다.
class MyHomePage extends StatelessWidget {
  @override
  Widget build(BuildContext context) {
    return Scaffold(
      appBar: AppBar(
        title: Text('제목'),
      ),
      body: Text('여기에 예제 작성'),    // 주로 여기에 코딩합니다.   ❶
    );
  }
}
```

4.1.2 그 외 임시 실습 환경 소개

코드는 안드로이드 스튜디오에서 작성하는 것이 기본입니다. 하지만 급하게 무언가 시험해보고 싶을 때는 웹 서비스를 이용하는 것도 좋습니다. 다트패드는 2장에서 이미 다트 연습용 도구로 소개했습니다.

• dartpad.dev

다트패드에서는 다트 언어뿐만 아니라 플러터 코드도 실행할 수 있습니다. 다트패드 웹사이트에 접속한 뒤 ❶ 'New Pad'를 클릭합니다.

▶ **New Pad 클릭**

무슨 연습을 할지 선택하는 다이얼로그가 표시되는데 ❷ 'Flutter'를 선택하고 ❸ 'CREATE'를
클릭합니다.

▶ Flutter〉CREATE

플러터로 작성된 'Hello World'가 표시됩니다. 오른쪽에는 여러 가지 ❹ 샘플이 준비되어 있
으니 하나씩 체험해보기 바랍니다. 샘플 중에는 3장에서 살펴본 기본 샘플 앱인 카운터도 준비
되어 있습니다.

▶ 다트패드에서 플러터 코드도 간단히 실행 가능!

4.1.3 플러터 스튜디오

그 밖에 비주얼 에디터인 플러터 스튜디오 flutter studio를 이용하면 드래그&드롭으로 위젯을 간단
히 시험할 수 있습니다. 대신 코드 수정은 불가능합니다.

• flutterstudio.app

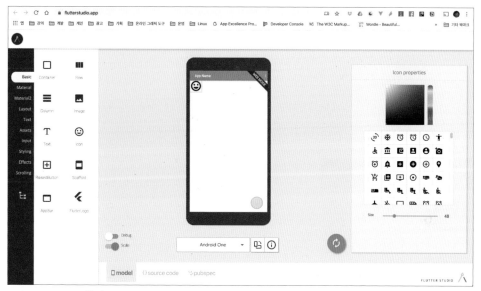

▶ flutter studio 화면

위젯을 드래그&드롭하여 화면에 배치하고 ❶ '{ }souce code'를 누르면 소스 코드를 바로 확인할 수 있습니다.

▶ 소스 확인

4.2 화면 배치에 쓰는 기본 위젯

위젯 중에는 화면을 구성하고 배치하는 데 뼈대가 되는 것이 있습니다. 화면 배치에 사용되는
기본 위젯을 간단히 알아봅시다.

4.2.1 Container

아무것도 없는 위젯입니다. 다양한 프로퍼티를 가지고 있기 때문에 사용하기에 따라서 다양한
응용이 가능합니다. 자주 사용되는 위젯입니다.

가로와 세로 길이, 색, 안쪽 여백(padding), 바깥쪽 여백(margin) 등의 설정이 가능하고
child 프로퍼티로 또 다른 위젯을 자식으로 가질 수 있습니다.

4.1.1절 '실습 환경 소개'에서 안내한 기본 코드에서 Scaffold의 body 프로퍼티에 다음 코드를
작성합니다.

```
Container(
  color: Colors.red,
  width: 100,
  height: 100,
  padding: const EdgeInsets.all(8.0),
  margin: const EdgeInsets.all(8.0),
)
```

다음과 같이 빨간색 영역에 코드를 작성하면 됩니다.

```
// 여기부터 수정합니다
class MyHomePage extends StatelessWidget {
  @override
  Widget build(BuildContext context) {
    return Scaffold(
      appBar: AppBar(
        title: Text('제목'),
      ), // AppBar
      body: Container(
        color: Colors.red,
        width: 100,
        height: 100,
        padding: const EdgeInsets.all(8.0),
        margin: const EdgeInsets.all(8.0),
      ) // Container
    ); // Scaffold
  }
}
```

4.2.2 Column

수직 방향으로 위젯들을 나란히 배치하는 위젯입니다. 레이아웃은 대부분 Column과 Row를 조합하여 만들기 때문에 매우 자주 사용됩니다.

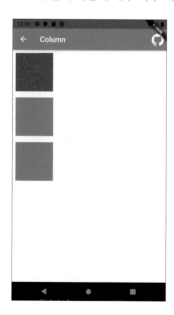

children 프로퍼티에는 여러 위젯의 리스트를 지정할 수 있습니다. 지정한 위젯들은 세로로 배치됩니다.

```
Column(
  children: <Widget>[
    [위젯],
    [위젯],
    [위젯],
  ],
),
```

그럼 수직 방향으로 빨강, 초록, 파란색 박스를 나열해보겠습니다.

```
Column(
  children: <Widget>[
    Container(
      color: Colors.red,
      width: 100,
      height: 100,
      padding: const EdgeInsets.all(8.0),
      margin: const EdgeInsets.all(8.0),
    ),
    Container(
      color: Colors.green,
      width: 100,
      height: 100,
      padding: const EdgeInsets.all(8.0),
      margin: const EdgeInsets.all(8.0),
    ),
    Container(
      color: Colors.blue,
      width: 100,
      height: 100,
      padding: const EdgeInsets.all(8.0),
      margin: const EdgeInsets.all(8.0),
    ),
  ],
),
```

4.2.3 Row

Column과 반대로 수평 방향으로 위젯들을 나란히 배치하는 위젯입니다.

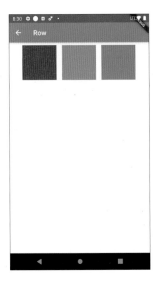

Column과 같이 children 프로퍼티에 여러 위젯을 나열합니다. Row, Column과 같이 방향성이 있는 위젯은 mainAxis와 crossAxis 관련 프로퍼티가 있습니다.

```
Row(
  mainAxisSize: MainAxisSize.max,
  mainAxisAlignment: MainAxisAlignment.center,
  crossAxisAlignment: CrossAxisAlignment.center,
  children: <Widget>[
    [위젯],
    [위젯],
    [위젯],
  ],
),
```

그럼 수평 방향으로 빨강, 초록, 파란색 박스를 나열해보겠습니다.

```
Row(
  mainAxisSize: MainAxisSize.max,    // 가로로 꽉 채우기
  mainAxisAlignment: MainAxisAlignment.center,    // 가로 방향으로 가운데 정렬하기
```

```
      crossAxisAlignment: CrossAxisAlignment.center,   // 세로 방향으로 가운데 정렬하기
      children: <Widget>[
        Container(
          color: Colors.red,
          width: 100,
          height: 100,
          padding: const EdgeInsets.all(8.0),
          margin: const EdgeInsets.all(8.0),
        ),
        Container(
          color: Colors.green,
          width: 100,
          height: 100,
          padding: const EdgeInsets.all(8.0),
          margin: const EdgeInsets.all(8.0),
        ),
        Container(
          color: Colors.blue,
          width: 100,
          height: 100,
          padding: const EdgeInsets.all(8.0),
          margin: const EdgeInsets.all(8.0),
        ),
      ],
    ),
```

mainAxis는 위젯의 기본 방향을 나타냅니다. Row는 오른쪽, Column은 아래쪽이 mainAxis가 됩니다. crossAxis는 기본 방향의 반대 방향을 나타냅니다. Row는 아래쪽, Column은 오른쪽이 crossAxis가 됩니다.

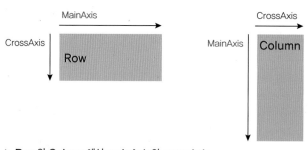

▶ Row와 Column에서 mainAxis와 crossAxis

각 프로퍼티에 지정할 수 있는 상수는 다음과 같습니다.

• MainAxisSize에 정의된 상수

상수	설명
max	최대 크기. 남은 공간을 모두 차지한다.
min	최소 크기. 포함된 콘텐츠의 크기만큼만 차지한다.

• MainAxisAlignment와 CrossAxisAlignment에 정의된 상수

상수	설명
center	가운데 정렬
start	왼쪽 정렬
end	오른쪽 정렬
spaceEvenly spaceBetween spaceAround	

spaceEvenly, spaceBetween, spaceAround는 자식 간의 공간을 어떻게 분배하느냐가 조금씩 다릅니다. 직접 적용해보면서 필요한 것을 사용하면 됩니다.

4.2.4 Stack

Stack 위젯은 children에 나열한 여러 위젯을 순서대로 겹치게 합니다. 예를 들어 사진 위에 글자를 표현하거나 화면 위에 로딩 표시를 하는 상황에 사용할 수 있습니다.

다음은 Stack을 사용하는 예입니다.

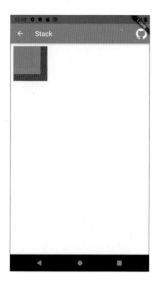

사용 방법은 Row, Column과 같으며 순서는 children 프로퍼티에 정의한 리스트에 먼저 작성한 위젯이 가장 아래쪽에 위치하고, 나중에 작성한 위젯이 위쪽에 위치하게 됩니다.

```
Stack(
  children: <Widget>[
    Container(
      color: Colors.red,    // 빨강
      width: 100,
      height: 100,
      padding: const EdgeInsets.all(8.0),
      margin: const EdgeInsets.all(8.0),
    ),
    Container(
      color: Colors.green,    // 초록
      width: 80,
      height: 80,
      padding: const EdgeInsets.all(8.0),
      margin: const EdgeInsets.all(8.0),
    ),
    Container(
      color: Colors.blue,    // 파랑
```

```
      width: 60,
      height: 60,
      padding: const EdgeInsets.all(8.0),
      margin: const EdgeInsets.all(8.0),
    ),
  ],
),
```

4.2.5 SingleChildScrollView

Column을 사용하여 위젯들을 나열하다가 화면 크기를 넘어서면 스크롤이 필요합니다. 그럴 때는 SingleChildScrollView로 감싸서 스크롤이 가능하게 할 수 있습니다. SingleChildScrollView 는 말 그대로 하나의 자식을 포함하는 스크롤 가능한 위젯입니다.

SingleChildScrollView는 하나의 자식 위젯을 가져야 하기 때문에 Column을 사용하여 상하 스크롤을 구현할 수 있지만, 예제에서는 Column 대신 ListBody를 사용했습니다. Column은 기본적으로 표시할 위젯의 크기만큼 가로 길이를 가집니다. 따라서 스크롤 가능 영역이 좁을 수 있습니다. ListBody를 사용하면 스크롤 가능 영역이 가로로 꽉 차기 때문에 사용자가 스크롤하기 더 쉽습니다.

0부터 99까지의 값을 갖는 리스트를 생성하여 스크롤이 되도록 해보겠습니다.

```
final items = List.generate(100, (i) => i).toList();    // 0부터 99까지의 값을 갖는 리스트 생성

SingleChildScrollView(
  child: ListBody(
    children: items.map((i) => Text('$i')).toList(),
  ),
),
```

4.2.6 ListView, ListTile

ListView는 리스트를 표시하는 위젯입니다. SingleChildScrollView와 ListBody의 조합과
동일한 효과를 내지만 좀 더 리스트 표현에 최적화된 위젯입니다.

ListView에 표시할 각 항목의 레이아웃은 직접 정의해도 되지만 리스트 아이템을 쉽게 작성할
수 있는 ❶ ListTile 위젯을 사용하면 편리합니다. 이 둘을 조합하면 표준적인 리스트를 쉽게
만들 수 있습니다. ListView의 ❷ children 프로퍼티에 다수의 위젯을 배치하면 정적인 리스
트를 쉽게 만들 수 있습니다.

```
ListView(
  scrollDirection: Axis.vertical,
  children: <Widget>[  ❷
    ListTile(  ❶
      leading: Icon(Icons.home),  ❸
      title: Text('Home'),  ❹
      trailing: Icon(Icons.navigate_next),  ❺
      onTap: () {},  ❻
    ),
    ListTile(
      leading: Icon(Icons.event),
      title: Text('Event'),
      trailing: Icon(Icons.navigate_next),
      onTap: () {},
    ),
    ListTile(
      leading: Icon(Icons.camera),
      title: Text('Camera'),
      trailing: Icon(Icons.navigate_next),
      onTap: () {},
    ),
  ],
),
```

ListTile 위젯은 ❸ leading, ❹ title, ❺ trailing 프로퍼티가 각각 왼쪽, 중앙, 오른쪽 위치를 담당해 자유롭게 아이콘이나 글자를 배치할 수 있습니다. ListTile의 ❻ onTap 프로퍼티에는 리스트의 항목을 탭^{tap}(터치)했을 때 실행해야 하는 동작을 정의한 함수를 작성합니다.

> **NOTE_ 이벤트**
>
> onPressed, onChanged, onTap처럼 on으로 시작하는 프로퍼티에 작성한 함수는 사용자 동작에 의해 호출됩니다. 어떤 동작에 의해 수행되기 때문에 클릭 이벤트, 변경 이벤트, 탭 이벤트 등으로 부르기도 합니다.

4.2.7 GridView

열 수를 지정하여 그리드 형태로 표시하는 위젯입니다.

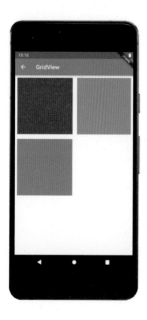

GridView.count() 생성자는 간단하게 그리드를 작성하게 해줍니다. crossAxisCount 프로퍼티에 열 수를 지정할 수 있습니다.

```
GridView.count(
  crossAxisCount: [열 수],
  children: <Widget>[
    [위젯],
    [위젯],
    [위젯],
  ],
),
```

그럼 2열 그리드에 빨강, 녹색, 파랑을 나열해보겠습니다.

```
GridView.count(
  crossAxisCount: 2,   // 열 수
  children: <Widget>[
    Container(
      color: Colors.red,
      width: 100,
      height: 100,
```

```
      padding: const EdgeInsets.all(8.0),
      margin: const EdgeInsets.all(8.0),
    ),
    Container(
      color: Colors.green,
      width: 100,
      height: 100,
      padding: const EdgeInsets.all(8.0),
      margin: const EdgeInsets.all(8.0),
    ),
    Container(
      color: Colors.blue,
      width: 100,
      height: 100,
      padding: const EdgeInsets.all(8.0),
      margin: const EdgeInsets.all(8.0),
    ),
  ],
),
```

4.2.8 PageView

여러 페이지를 좌우로 슬라이드하여 넘길 수 있도록 해주는 위젯입니다.

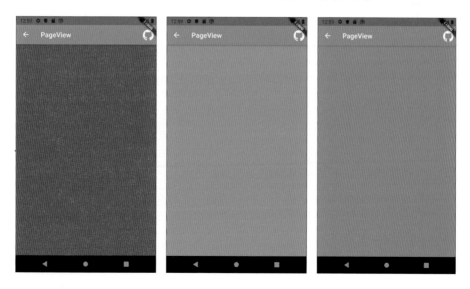

❶ children 프로퍼티에 각 화면을 표현할 위젯을 여러 개 준비하여 지정하면 화면을 좌우로 슬라이드할 수 있습니다. 하지만 Tab과 연동하여 사용하지 않으면 좌우로 슬라이드가 가능한지 사용자가 모를 수 있어서 단독으로는 잘 사용하지 않습니다.

```
PageView(
  children: <Widget>[   ❶
    [위젯],
    [위젯],
    [위젯],
  ],
),
```

그럼 빨강, 초록, 파랑 페이지를 좌우로 슬라이드되도록 해보겠습니다. 배치되는 위젯 하나는 하나의 페이지를 담당합니다.

```
PageView(
  children: <Widget>[
    Container(
      color: Colors.red,
    ),
    Container(
      color: Colors.green,
    ),
    Container(
      color: Colors.blue,
    ),
  ],
),
```

4.2.9 AppBar, TabBar, Tab, TabBarView

이 위젯들을 조합하여 PageView와 유사하지만 페이지와 탭이 연동되는 화면을 구성할 수 있습니다.

이 예제는 전체 코드를 보여드립니다. Scaffold를 DefaultTabController로 감싸야 하는 것에 주의하고 아래 형태 그대로 사용합니다. 탭이 있기 때문에 PageView만 단독으로 사용하는 것보다 이쪽이 사용성이 높을 수 있습니다. ❶ 탭에는 아이콘이나 글자를 표시할 수 있습니다.

```
class MyHomePage extends StatelessWidget {
  @override
  Widget build(BuildContext context) {
    return DefaultTabController(    // Scaffold를 감싸고
      length: 3,                    // 탭 수 지정
      child: Scaffold(
        appBar: AppBar(
          lille: Text('Tab'),
          bottom: TabBar(      // Scaffold의 bottom 프로퍼티에 TabBar 지정
            tabs: <Widget>[    // tabs 프로퍼티에 Tab의 리스트 지정
              Tab(icon: Icon(Icons.tag_faces)),    ❶
              Tab(text: '메뉴2'),
              Tab(icon: Icon(Icons.info), text: '메뉴3'),
            ],
          ),
        ),
        body: TabBarView(        // Scaffold의 body 프로퍼티에는 TabBarView 배치
          children: <Widget>[    // children 프로퍼티에 표시할 화면 배치
            Container(color: Colors.yellow,),
            Container(color: Colors.orange,),
```

```
              Container(color: Colors.red,),
          ]),
      ),
    );
  }
}
```

4.2.10 BottomNavigationBar

하단에 2~5개의 탭 메뉴를 구성할 수 있는 위젯입니다. 각 탭을 클릭하여 화면을 전환할 때 사용합니다.

Scaffold의 프로퍼티 중에서 ❶ bottomNavigationBar 프로퍼티를 정의하고 items 프로퍼티에 ❷ BottomNavigationBarItem 위젯들을 나열합니다. ❸ icon과 ❹ label 프로퍼티를 정의하여 간단히 하단 탭 바를 구성할 수 있습니다. 최근에 Android와 iOS 모두에서 자주 사용하는 UI입니다.

다음 예제는 body 프로퍼티를 사용하지 않은 Scaffold 전체 코드입니다.

```
Scaffold(
  bottomNavigationBar: BottomNavigationBar(items: [   ❶
    BottomNavigationBarItem(   ❷
      icon: Icon(Icons.home),   ❸
```

```
      label: 'Home',   ❹
    ),
    BottomNavigationBarItem(
      icon: Icon(Icons.person),
      label: 'Profile',
    ),
    BottomNavigationBarItem(
      icon: Icon(Icons.notifications),
      label: 'Notification',
    ),
  ]),
);
```

4.3 위치, 정렬, 크기를 위한 위젯

화면을 구성할 때는 배치한 위젯의 위치를 정해야 합니다. 위젯 중에는 위젯 크기나 위치, 정렬 등을 보조하는 위젯이 있습니다. 위젯을 중앙에 배치하거나, 한쪽 방향으로 정렬하거나, 위젯 사이에 여백을 주거나, 위젯을 특정 크기로 만들고 싶을 때 사용하는 위젯을 알아봅시다.

4.3.1 Center

중앙으로 정렬시키는 위젯입니다. 상당히 자주 사용하는 위젯입니다.

child 프로퍼티에 중앙에 배치할 위젯을 설정합니다.

```
Center(
  child: [위젯],
),
```

그럼 빨간 사각형을 중앙에 표시해보겠습니다.

```
Center(
 child: Container(
   color: Colors.red,
   width: 100,
   height: 100,
 ),
),
```

4.3.2 Padding

안쪽 여백을 표현할 때 사용하는 위젯입니다.

안쪽 여백은 padding 프로퍼티에 값을 지정합니다. 이 값은 EdgeInsets 클래스를 사용하여 설정하며 다음과 같이 여러 방법을 제공합니다. 앞에 const를 붙이면 컴파일 타임에 상수로 정의되어 다시 사용되는 부분이 있을 경우 메모리에 있는 값을 재사용하는 이득이 있습니다.

```
Padding(
  padding: const EdgeInsets.all(40.0),
  child: [위젯],
),
```

EdgeInsets는 여러 함수를 제공합니다. all() 함수는 네 방향 모두 같은 값을 지정합니다.

```
EdgeInsets.all([double])
```

only() 함수는 상하좌우 중에서 원하는 방향에만 값을 지정합니다. 지정하지 않은 방향에는 기본값 0.0이 지정됩니다.

```
EdgeInsets.only({left: [왼쪽], top: [위], right: [오른쪽], bottom: [아래]})
```

fromLTRB() 함수는 네 방향의 값을 각각 지정합니다.

```
EdgeInsets.fromLTRB([왼쪽], [위], [오른쪽], [아래])
```

그럼 빨간 사각형의 사방에 40만큼 패딩을 적용해보겠습니다.

```
Padding(
  padding: const EdgeInsets.all(40.0),
  child: Container(
    color: Colors.red,
  ),
),
```

4.3.3 Align

자식 위젯의 정렬 방향을 정할 수 있는 위젯입니다. 원하는 방향으로 위젯을 정렬할 때 사용합니다.

자식 위젯을 정렬하기 위해서는 alignment 프로퍼티에 정렬하고자 하는 방향을 정의해야 합니다.

```
Align(
  alignment: Alignment.bottomRight,
  child: [위젯],
),
```

alignment 프로퍼티에 정의할 수 있는 값들은 Alignment 클래스에 정의되어 있습니다.

• Alignment 클래스에 정의되어 있는 정렬 관련 상수들

상수	설명
bottomLeft	하단 왼쪽
bottomCenter	하단 중앙
bottomRight	하단 오른쪽
centerLeft	중단 왼쪽
center	중단 중앙
centerRight	중단 오른쪽
topLeft	상단 왼쪽
topCenter	상단 중앙
topRight	상단 오른쪽

그럼 하단 오른쪽에 빨간 박스를 정렬해보겠습니다.

```
Align(
  alignment: Alignment.bottomRight,
  child: Container(
    color: Colors.red,
    width: 100,
    height: 100,
  ),
),
```

4.3.4 Expanded

자식 위젯의 크기를 최대한으로 확장시켜주는 위젯입니다.

여러 위젯에 동시에 적용하면 flex 프로퍼티에 정숫값을 지정하여 비율을 정할 수 있으며 기본
값은 1입니다.

```
Column(
  children: <Widget>[
    Expanded(
      flex: [비율],    // 기본값은 1
```

```
    child: [위젯],
  ),
  Expanded(
    child: [위젯],
  ),
  Expanded(
    child: [위젯],
  ),
  ],
),
```

그럼 빨강, 초록, 파랑 박스를 2:1:1로 수직으로 배치해보겠습니다.

```
Column(
  children: <Widget>[
    Expanded(
      flex: 2,
      child: Container(
        color: Colors.red,
      ),
    ),
    Expanded(
      child: Container(
        color: Colors.green,
      ),
    ),
    Expanded(
      child: Container(
        color: Colors.blue,
      ),
    ),
  ],
),
```

4.3.5 SizedBox

위젯 중에는 크기에 관련된 프로퍼티가 없는 위젯이 많은데 그러한 위젯을 특정 크기로 만들고
싶을 때 사용합니다.

width에 가로 길이, height에 세로 길이를 double 타입으로 지정합니다. SizedBox를 child 없이 단독으로 사용하면 단순히 여백을 표현하는 데 사용할 수 있습니다.

```
SizedBox(
  width: [가로 길이],
  height: [세로 길이],
  child: [위젯],
),
```

그럼 빨간 박스를 100, 100 크기로 만들어보겠습니다. 100.0은 소수점 아래를 생략하여 100으로 작성해도 됩니다.

```
SizedBox(
  width: 100,
  height: 100,
  child: Container(
    color: Colors.red,
  ),
),
```

이전처럼 Container에 길이를 직접 지정하면 코드가 더 간결해지지만 대부분의 위젯은 크기 지정 프로퍼티를 가지고 있지 않기 때문에 SizedBox를 많이 사용합니다.

4.3.6 Card

카드 형태의 모양을 제공하는 위젯입니다. 기본적으로 크기가 0이므로 자식 위젯의 크기에 따라 크기가 결정됩니다.

❶ elevation 프로퍼티를 지정하여 그림자의 깊이를 조정할 수 있습니다. 좀 더 깊은 그림자를 표현하려면 좀 더 큰 값을 지정합니다.

```
Card(
  shape: RoundedRectangleBorder(     ❷
    borderRadius: BorderRadius.circular(16.0),     ❸
  ),
  elevation: [실숫값],    // 그림자 깊이    ❶
  child: [위젯],
),
```

❷ shape 프로퍼티는 카드 모양을 변경하는 방법을 제공하며, 여기서는 RoundedRectangleBorder 클래스의 인스턴스를 지정했습니다. 이 클래스는 ❸ borderRadius 프로퍼티에 BorderRadius. circular() 메서드를 지정하여 카드 모서리의 둥근 정도를 실숫값으로 조절합니다. 값이 클수록 더 둥글게 됩니다.

그럼 카드 위젯을 화면 중앙에 표시해보겠습니다.

```
Center(
  child: Card(
    shape: RoundedRectangleBorder(
      borderRadius: BorderRadius.circular(16.0),
    ),
    elevation: 4.0,   // 그림자 깊이
    child: Container(
      width: 200,
      height: 200,
    ),
  ),
),
```

중앙에 정렬된 위젯은 이렇게 Center 위젯으로 감싼 것으로 보면 됩니다. 앞으로는 중앙에 표시되는 위젯의 예제 코드에서는 Center 위젯을 생략하겠습니다.

4.4 버튼 계열 위젯

플러터는 여러 종류의 버튼 위젯을 제공합니다. 그중 가장 많이 사용되는 버튼을 소개합니다.

4.4.1 ElevatedButton

입체감을 가지는 일반적인 버튼 위젯입니다.

버튼 위젯들은 모두 **❶** onPressed 프로퍼티에 버튼이 클릭되었을 때 실행될 함수를 반드시 정
의해줘야 버튼이 활성화되며 클릭 가능합니다. 만약 null을 지정하면 버튼이 클릭되지 않는 비
활성화 상태가 됩니다.

```
ElevatedButton(
  child: Text('RaisedButton'),
  onPressed: () {  ❶
    // 실행될 코드 작성
  },
),
```

4.4.2 TextButton

평평한 형태의 버튼입니다.

사용 방법은 다른 버튼과 같습니다.

```
TextButton(
  child: Text('TextButton'),
  onPressed: () {},
),
```

4.4.3 IconButton

아이콘을 표시하는 버튼 위젯입니다.

아이콘의 크기나 색을 지정할 수 있습니다. 이 위젯은 다른 위젯과 다르게 자식 위젯을 포함할 수 없기 때문에 child 프로퍼티가 없습니다. 대신 아이콘을 ❶ icon 프로퍼티에 작성하고 크기는 ❷ iconSize 프로퍼티로 설정합니다.

```
IconButton(
  icon: Icon(Icons.add),    ❶
  color: Colors.red,     // 아이콘 색상
  iconSize: 100.0,       // 기본값 24.0   ❷
  onPressed: () {},
),
```

4.4.4 FloatingActionButton

입체감 있는 둥근 버튼 위젯입니다. 아이콘을 표시하는 데 사용합니다.

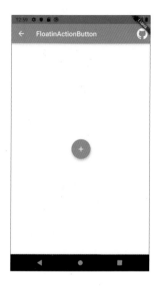

Scaffold의 floatingActionButton 프로퍼티에 바로 사용할 수도 있고 일반적인 버튼처럼 단독 사용할 수도 있습니다.

```
FloatingActionButton(
  child: Icon(Icons.add),
  onPressed: () {},
),
```

4.5 화면 표시용 위젯

버튼과 더불어 화면 구성시 가장 자주 사용되는 위젯인 텍스트, 이미지, 아이콘, 프로그레스바를 알아봅니다.

4.5.1 Text

글자를 표시하는 위젯입니다.

Text 위젯은 기본적으로 ❶ 첫 번째 인수에 문자열을 지정하여 Text('글자') 형태로 사용하는데 ❷ style 프로퍼티에 TextStyle 클래스의 인스턴스를 지정하여 다양한 글자를 표현할 수 있습니다. TextStyle 클래스는 다음 예제와 같이 글자 크기, 색상, 폰트 스타일 등을 쉽게 설정할수 있습니다.

```
Text(
  'Hello World',          ❶
  style: TextStyle(       ❷
    fontSize: 40.0,                 // 글자 크기
    fontStyle: FontStyle.italic,    // 이탤릭체
    fontWeight: FontWeight.bold,    // 볼드체
    color: Colors.red,              // 색상
    letterSpacing: 4.0,             // 자간
  ),
),
```

참고로 Text 클래스의 첫 번째 인수는 필수 프로퍼티고 이름 없는 인수입니다. style뿐만 아니라 모든 이름 있는 인수는 옵션 성격이므로 필요한 것을 선택적으로 사용할 수 있습니다.

4.5.2 Image

이미지를 표시하는 위젯입니다.

플러터에서는 네트워크에 있는 이미지를 간단히 표시할 수 있습니다. network() 메서드에 이미지 파일의 URL을 입력하기만 하면 됩니다.

```
Image.network('http://bit.ly/2Pvz4t8')   // 이미지 URL
```

물론 asset() 메서드로 이미지 파일을 직접 표시할 수도 있습니다. 이미지 파일을 사용하려면 프로젝트 내에 별도의 폴더를 만든 후 이미지 파일을 복사해둡니다. 여기서는 assets 폴더를 만들어서 사용했습니다.

▶ assets라는 폴더를 만들고 이미지 파일을 복사해두었습니다.

이미지 파일을 사용할 수 있도록 pubspec.yaml 파일을 수정해야 합니다. pubspec.yaml 파일의 flutter: 항목 아래의 assets: 항목 아래에 폴더명을 지정하면 됩니다. assets/sample.jpg와 같은 형태로 나열해도 되지만 assets/와 같이 전체 폴더를 가리키면 여러 항목을 매 번 작성할 필요가 없습니다.

```
flutter:
  assets:
    - assets/
```

pubspec.yaml 파일을 수정할 때는 들여쓰기에 주의하세요. pubspec.yaml을 수정한 후에는 터미널에서 flutter pub get 명령을 실행하여 프로젝트에서 이미지 파일에 접근할 수 있게 해야 합니다. 그런 후 다음과 같이 이미지 파일을 사용할 수 있습니다.

```
Image.asset('assets/sample.jpg')
```

4.5.3 Icon

아이콘은 지금까지 몇 번 사용해보았습니다. 아이콘 위젯은 단독으로도 사용하지만 메뉴나 리스트, 버튼과의 조합으로 사용합니다.

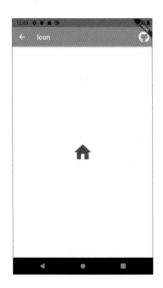

머티리얼 디자인용 기본 아이콘들은 Icons 클래스에 상수로 미리 정의되어 있습니다. Icon 클래스의 ❶ 첫 번째 인수에 Colors 클래스에 미리 정의된 다양한 머티리얼 아이콘을 지정합니다. 색상이나 크기 등을 자유롭게 지정할 수 있습니다.

```
Icon(
  Icons.home,    ❶
  color: Colors.red,
  size: 60.0,    // 기본값 24.0
),
```

4.5.4 Progress

로딩 중이거나 오래 걸리는 작업을 할 때 사용자에게 진행 중임을 보여주는 용도로 사용하는 위젯입니다. 두 종류를 제공합니다.

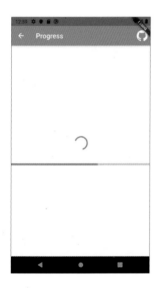

❶은 둥근 형태의 프로그레스바입니다. 일반적으로 다른 화면 위에 겹쳐서 표시하므로 Stack 위젯으로 겹쳐서 사용합니다. ❷는 선 형태의 프로그레스바입니다.

```
CircularProgressIndicator()   ❶
LinearProgressIndicator()     ❷
```

4.5.5 CircleAvatar

프로필 화면 등에 많이 사용되는 원형 위젯입니다.

child 프로퍼티에 정의한 위젯을 원형으로 만들어줍니다.

```
CircleAvatar(
  child: Icon(Icons.person),
),
```

네트워크상에 존재하는 이미지를 표시한다면 child 프로퍼티가 아닌 backgroundImage 프로퍼티에 NetworkImage 클래스의 인스턴스를 지정해야 네트워크에서 받아온 이미지가 원형으로 표시됩니다.

```
CircleAvatar(
  backgroundImage: NetworkImage([이미지 URL]),
),
```

4.6 마치며

이 장에서는 자주 사용되는 다양한 위젯을 배웠습니다.

- 플러터의 UI를 구성하는 모든 요소를 위젯(Widget)이라고 합니다.
- 위치나 크기 같은 속성 또한 위젯을 사용합니다.

5장 기본 위젯 II

화면을 구성하는 용도 외에도 사용자와 상호작용하거나 애니메이션을 구현하는 위젯도 있습니다. 그리고 iOS 스타일의 쿠퍼티노 위젯도 별도로 준비되어 있습니다.

이 장에서 다루는 내용은 다음과 같습니다.

- 입력용 위젯
- 다이얼로그
- 이벤트
- 애니메이션
- 쿠퍼티노 디자인

5.1 입력용 위젯

플러터에는 많은 입력용 위젯이 있습니다. 여기서는 자주 사용되는 입력용 위젯 사용 방법을 알아봅니다.

5.1.1 TextField

글자를 입력받는 위젯입니다. `InputDecoration` 클래스와 함께 사용하면 힌트 메시지나 외곽선 등의 꾸밈 효과를 간단히 추가할 수 있습니다.

❶ 밑줄만 표현하는 기본 형태입니다.

```
TextField()
```

❷ decoration 프로퍼티를 활용하면 다양한 효과를 줄 수 있습니다. 여기서는 InputDecoration 클래스의 labelText 프로퍼티를 활용하여 힌트를 표현하고 있습니다.

```
TextField(
  decoration: InputDecoration(
    labelText: '여기에 입력하세요',    // 힌트
  ),
),
```

❸ InputDecoration 클래스의 border 프로퍼티에 OutlineInputBorder 클래스의 인스턴스를 지정하면 외곽선과 힌트를 표현하는 머티리얼 디자인을 구현할 수 있습니다.

```
TextField(
  decoration: InputDecoration(
    border: OutlineInputBorder(),    // 외곽선
    labelText: '여기에 입력하세요',
  ),
)
```

5.1.2 CheckBox와 Switch

설정 화면 등에 많이 사용되는 체크박스, 라디오 버튼, 스위치를 표현하는 위젯입니다.

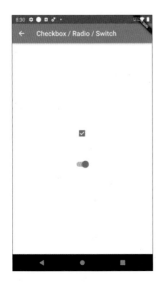

Checkbox와 Switch는 모양만 다를 뿐 사용 방법은 동일합니다.

```
var isChecked = false;   ❶


Checkbox(
  value: isChecked,      ❷
  onChanged: (value) {   ❸
    setState(() {
      isChecked = value;
    }
  },
),

Switch(
  value: isChecked,
  onChanged: (value) {
    setState(() {
      isChecked = value;
    }
  },
),
```

❶ 상태를 나타낼 불리언 타입의 변수가 필요하고 ❷ value 프로퍼티에 설정합니다. onChanged 이벤트는 체크값이 변할 때마다 발생하는데 여기서 ❸ 변경된 값이 불리언 value 인수로 넘어오며 setState() 함수를 통해 value 프로퍼티에 지정한 변숫값을 변경하며 UI를 다시 그립니다.

앞의 그림대로 구현하면 다음과 같습니다. 상태를 나타내는 변수가 등장하므로 StatefulWidget 이어야 합니다. _isChecked 변수와 Checkbox와 Switch 관련 부분의 위치를 확인하세요. 관련 코드를 볼드체로 표시했습니다.

```
class MyHomePage extends StatefulWidget {
  @override
  _MyHomePageState createState() => _MyHomePageState();
}

class _MyHomePageState extends State<MyHomePage> {
  var _isChecked = false;
```

```
  @override
  Widget build(BuildContext context) {
   return Scaffold(
     appBar: AppBar(
       title: Text('Checkbox / Radio / Switch'),
     ),
     body: Padding(
       padding: const EdgeInsets.all(8.0),
       child: Center(
         child: Column(
           mainAxisAlignment: MainAxisAlignment.center,
           children: <Widget>[
             Checkbox(
               value: _isChecked,
               onChanged: (value) {
                 setState(() {
                   _isChecked = value;
                 });
               },
             ),
             SizedBox(
               height: 40,
             ),
             Switch(
               value: _isChecked,
               onChanged: (value) {
                 setState(() {
                   _isChecked = value;
                 });
               },
             ),
           ],
         ),
       ),
     ),
   );
  }
}
```

지금부터는 StatefulWidget을 만들 때 State 클래스만 표시하도록 하겠습니다.

5.1.3 Radio와 RadioListTile

선택 그룹 중 하나를 선택할 때 사용하는 위젯입니다. 어디까지를 터치 영역으로 볼 것이냐에 따라서 Radio를 사용하거나 RadioListTile을 사용하는 두 가지 방법을 소개합니다.

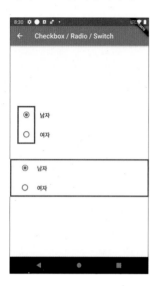

Radio는 그룹 내에서 하나만 선택할 때 사용합니다. 그룹이 되는 항목을 ❶ 열거형(enum)으로 정의하고 ❷ groupValue 프로퍼티에 열거형으로 정의한 Gender 타입의 ❸ 변수를 지정하고, onChanged 이벤트에서 변경된 값을 반영합니다. ListTile 대신 RadioListTile을 사용하면 가로 전체가 터치 영역이 됩니다.

```
enum Gender { MAN, WOMEN }      ❶

Gender _gender = Gender.MAN;     ❸

...생략...

// Radio는 라디오 영역만 터치 영역으로 인식
ListTile(
  title: Text('남자'),
  leading: Radio(
    value: Gender.MAN,
    groupValue: _gender,         ❷
    onChanged: (value) {
```

```
        setState(() {
          _gender = value;
        });
      },
    ),
  ),
),
ListTile(
  title: Text('여자'),
  leading: Radio(
    value: Gender.WOMEN,
    groupValue: _gender,
    onChanged: (value) {
      setState(() {
        _gender = value;
      });
    },
  ),
),
```

앞의 그림처럼 ListTile과 RadioListTile을 사용해보겠습니다. 열거형 Gender의 위치는 클래스와 동일한 레벨로 작성하면 됩니다.

```
enum Gender { MAN, WOMEN }

class _MyHomePageState extends State<MyHomePage> {
  Gender _gender = Gender.MAN;

  @override
  Widget build(BuildContext context) {
   return Scaffold(
     appBar: AppBar(
       title: Text('Radio / RadioListTile'),
     ),
     body: Padding(
       padding: const EdgeInsets.all(8.0),
       child: Center(
         child: Column(
           mainAxisAlignment: MainAxisAlignment.center,
           crossAxisAlignment: CrossAxisAlignment.center,
```

```
children: <Widget>[
  ListTile(
    title: Text('남자'),
    leading: Radio(
      value: Gender.MAN,
      groupValue: _gender,
      onChanged: (value) {
        setState(() {
          _gender = value;
        });
      },
    ),
  ),
  ListTile(
    title: Text('여자'),
    leading: Radio(
      value: Gender.WOMEN,
      groupValue: _gender,
      onChanged: (value) {
        setState(() {
          _gender = value;
        });
      },
    ),
  ),
  SizedBox(
    height: 40,
  ),
  RadioListTile(
    title: Text('남자'),
    value: Gender.MAN,
    groupValue: _gender,
    onChanged: (value) {
      setState(() {
        _gender = value;
      });
    },
  ),
  RadioListTile(
    title: Text('여자'),
    value: Gender.WOMEN,
```

```
            groupValue: _gender,
            onChanged: (value) {
              setState(() {
                _gender = value;
              });
            },
          ),
        ],
      ),
    ),
  ),
  );
  }
}
```

5.1.4 DropDownButton

여러 아이템 중 하나를 고를 수 있는 콤보박스 형태의 위젯입니다.

value 프로퍼티에 표시할 값을 지정합니다. items 프로퍼티에는 표시할 항목을 DropdownMenu
Item 클래스의 인스턴스들을 담은 리스트로 지정해야 합니다. 상태를 가지므로 StatefulWidget
으로 작성합니다. 반복되는 코드는 생략했습니다.

```
// State 클래스 필드에 작성
final _valueList = ['첫 번째', '두 번째', '세 번째'];
var _selectedValue = '첫 번째';

...생략...
// Scaffold의 body에 작성
DropdownButton(
  value: _selectedValue,
  items: _valueList.map(    ❶
    (value) {
      return DropdownMenuItem(
        value: value,
        child: Text(value),
      );
    },
  ).toList(),    ❷
  onChanged: (value) {
    setState(() {
      _selectedValue = value;
    });
  },
),
```

여기서는 ❶ map() 함수를 사용하여 _valueList 리스트의 문자열 3개를 DropdownMenuItem 인스턴스 3개로 변환했습니다. 그리고 ❷ toList() 함수를 사용하여 다시 리스트로 변환시켜 items 프로퍼티에 이 리스트를 지정했습니다. map() 함수를 사용하여 값 리스트를 위젯 리스트로 변환하는 코드가 자주 사용됩니다.

5.2 다이얼로그

다이얼로그는 사용자의 확인을 요구하거나 메시지를 표시하는 용도로 자주 사용합니다. 자주 사용되는 다이얼로그 작성 방법을 알아보겠습니다.

5.2.1 AlertDialog

머티리얼 디자인의 유저 확인용 다이얼로그입니다.

AlertDialog를 표시하려면 showDialog() 함수의 builder 프로퍼티에 AlertDialog 클래스의 인스턴스를 반환하는 함수를 작성하면 됩니다. showDialog() 함수의 barrierDismissible 프로퍼티는 다이얼로그 바깥 부분을 탭(터치)해도 닫히게 할 것인지 정합니다.

```
showDialog(
  context: context,
  barrierDismissible: false,    // 사용자가 다이얼로그 바깥을 터치하면 닫히지 않음
  builder: (BuildContext context) {
    return AlertDialog(
      title: Text('제목'),      ❶
      content: SingleChildScrollView(  ❷
        child: ListBody(  ❹
          children: <Widget>[
            Text('Alert Dialog입니다'),
            Text('OK를 눌러 닫습니다'),
          ],
        ),
      ),
      actions: <Widget>[    ❸
        TextButton(
          child: Text('OK'),
          onPressed: () {
            // 다이얼로그 닫기
            Navigator.of(context).pop();
```

```
        },
      ),
      TextButton(
        child: Text('Cancel'),
        onPressed: () {
          // 다이얼로그 닫기
          Navigator.of(context).pop();
        },
      ),
    ],
  );
},
);
```

AlertDialog 클래스는 ❶ title과 ❷ content, ❸ actions 영역을 정의해줍니다. ❶ title은 말 그대로 제목 영역이며, ❷ content는 내용 영역입니다. 여기서는 ❷ SingleChildScrollView 와 ❹ ListBody 클래스를 사용하여 ListView와 동일한 효과를 가지도록 했습니다.

❸ actions 프로퍼티에는 버튼들을 정의합니다. 여기서는 TextButton 두 개를 정의했고 각 버튼을 클릭할 때 Navigator.of(context).pop()을 호출하여 다이얼로그를 닫습니다. 화면 전환을 담당하는 Navigator 클래스는 6장에서 다룹니다.

5.2.2 DatePicker

날짜를 선택할 때 사용합니다.

showDatePicker() 함수를 호출하면 달력이 표시되며 날짜를 선택하고 'OK' 버튼을 누르면
날짜를 반환합니다.

```
Future<DateTime> selectedDate = showDatePicker(    ❼
  context: context,    ❶
  initialDate: DateTime.now(),    // 초깃값    ❷
  firstDate: DateTime(2018),      // 시작일 2018년 1월 1일    ❸
  lastDate: DateTime(2030),       // 마지막일 2030년 1월 1일    ❹
  builder: (BuildContext context, Widget child) {    ❺
    return Theme(    ❻
      data: ThemeData.dark(),     // 다크 테마
      child: child,
    );
  },
);
```

함수의 프로퍼티에는 ❶ context를 인수로 전달해야 하고, ❷ initialDate에는 초기 선택값을
DateTime의 인스턴스로 정의합니다. 여기서 사용된 DateTime.now() 함수는 오늘 날짜를 나타
냅니다.

❸ firstDate와 ❹ lastDate 프로퍼티는 말 그대로 DatePicker에서 표시할 날짜의 범위를 정
할 수 있습니다.

❺ builder 프로퍼티는 테마를 설정할 때 사용합니다. ❻ Theme 클래스를 사용하여 다크 테마
를 적용할 수도 있습니다. builder 프로퍼티를 정의하지 않으면 기본 형태로 표시됩니다.

❼ showDatePicker() 함수가 반환하는 Future<DateTime> 타입은 미래에 DateTime 타입의 데
이터를 받는다는 것을 정의한 특별한 타입입니다. Future 타입은 값이 결정될 때까지 코드가
블록(앱이 멈추는 것이 아님)되며 then() 메서드를 통해 값이 결정되었을 때의 처리를 할 수
있습니다. 오래 걸리는 처리를 할 때 사용합니다.

버튼을 클릭하면 다크 모드의 DatePicker를 표시하고 선택한 날짜를 화면에 표시해보겠습니
다. 상태가 있으므로 StatefulWidget으로 작성합니다.

```
// State 클래스의 필드에 작성
DateTime _selectedTime;

...생략...
// Scaffold의 body에 작성
Column(
 children: <Widget>[
   ElevatedButton(
     onPressed: () {
       Future<DateTime> selectedDate = showDatePicker(
         context: context,
         initialDate: DateTime.now(),    // 초깃값
         firstDate: DateTime(2018),      // 시작일
         lastDate: DateTime(2030),       // 마지막일
         builder: (BuildContext context, Widget child) {
           return Theme(
             data: ThemeData.dark(),      // 다크 테마
             child: child,
           );
         },
       );
       // 여기서 사용자가 날짜를 선택할 때까지 코드가 블록됨

       selectedDate.then((dateTime) {   ❽
         setState(() {
           _selectedTime = dateTime;
         });
       });
     },
     child: Text('Date Picker'),
   ),
   Text('$_selectedTime'),   ❾
 ],
),
```

❽ Future 타입은 then( ) 메서드를 사용해 결과를 받는 함수를 작성할 수 있습니다. 날짜가 선택되면 _seletedTime 변수를 갱신하고 setState( ) 함수를 호출하여 ❾에 표시합니다.

5.2.3 TimePicker

시간을 선택할 때 사용하는 위젯입니다.

showTimePicker() 함수를 호출하면 타임 피커를 표시할 수 있습니다.

```
Future<TimeOfDay> selectedTime = showTimePicker(
  initialTime: TimeOfDay.now(),    ❶
  context: context,    ❷
);
```

❶ initialTime 프로퍼티에 초깃값을 지정합니다. TimeOfDay.now() 함수를 사용하면 현재 시간을 설정하게 됩니다. ❷ context가 필요하며 Future 타입으로 TimeOfDay 타입의 값을 반환합니다. TimeOfDay 클래스에는 시간(hour)과 분(minute) 정보가 들어 있습니다.

버튼을 클릭하면 TimePicker를 표시하고 선택한 시간을 화면에 표시해보겠습니다. 역시 상태를 가지므로 StatefulWidget으로 작성합니다.

```
// State 클래스의 필드에 작성
String _selectedTime;

...생략...
// Scaffold의 body에 작성
Column(
 children: <Widget>[
   ElevatedButton(
     onPressed: () {
       Future<TimeOfDay> selectedTime = showTimePicker(
         initialTime: TimeOfDay.now(),
         context: context,
       );
       // 여기서 사용자가 시간을 선택할 때까지 코드가 블록됨

       selectedTime.then((timeOfDay) {   ❸
         setState(() {
           _selectedTime = '${timeOfDay.hour}:${timeOfDay.minute}';
         });
       });
     },
     child: Text('Time Picker'),
   ),
   Text('$_selectedTime'),   ❹
 ],
),
```

❸ 날짜가 선택되면 timeOfDay.hour, timeOfDay.minute에서 시간과 분을 얻을 수 있습니다.
setState() 함수를 호출하여 ❹에 표시합니다.

5.3 이벤트

onTap, onPressed 등의 이벤트를 기본 프로퍼티로 가지고 있지 않은 위젯에 이벤트를 적용할
수 있도록 해주는 위젯을 설명합니다.

5.3.1 GestureDetector와 InkWell

글자나 그림 같이 이벤트 프로퍼티가 없는 위젯에 이벤트를 적용하고 싶을 때 사용하는 위젯입니다.

▶ InkWell은 클릭 시 물결 효과(ripple effect)가 나타납니다.

GestureDetector와 InkWell 위젯은 터치 이벤트를 발생시킵니다. onTap 프로퍼티를 가지고 있어서 child 프로퍼티에 어떠한 위젯이 와도 클릭 이벤트를 작성할 수 있습니다. 따라서 Text, Image 등의 위젯에도 간단히 클릭 이벤트를 추가할 수 있습니다.

```
GestureDetector(
  onTap: () {
    // 클릭 시 실행
  },
  child: [위젯],
),

InkWell(
  onTap: () {
    // 클릭 시 실행
  },
  child: [위젯],
),
```

InkWell 위젯으로 감싸고 클릭하면 물결 효과가 나타나지만 GestureDetector 위젯은 그렇지 않습니다.

이 코드를 실행해봅시다.

```dart
Column(
  mainAxisAlignment: MainAxisAlignment.center,
  children: <Widget>[
    GestureDetector(
      onTap: () {
        print('GestureDetector 클릭!!');
      },
      child: Text('클릭 Me!!'),
    ),
    SizedBox(
      height: 40,
    ),
    InkWell(
      onTap: () {
        print('InkWell 클릭!!');
      },
      child: Text('클릭 Me!!'),
    ),
  ],
),
```

print() 함수로 출력한 결과는 안드로이드 스튜디오 하단의 ❶ Run 탭에 표시됩니다.

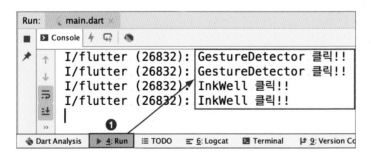

5.4 애니메이션

애니메이션을 지원하는 다양한 위젯 중 몇 가지를 알아봅니다.

5.4.1 Hero

Hero 위젯은 화면 전환시 자연스럽게 연결되는 애니메이션을 지원합니다. 이전 화면으로 돌아갈 때도 자연스럽게 애니메이션이 동작합니다.

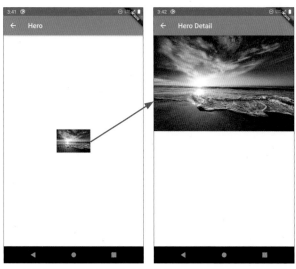

▶ 그림을 탭하면 애니메이션되며 자연스러운 화면 전환이 이루어집니다.

Hero 위젯 사용 방법은 애니메이션 효과의 대상이 되는 양쪽 화면의 위젯을 ❶, ❸ Hero 위젯으로 감싸고 ❷, ❹ tag 프로퍼티를 반드시 동일하게 지정해야 합니다. 다음 예제는 그림을 클릭하면 화면이 전환되면서 그림이 커지는 애니메이션이 표시됩니다.

```
// 첫 번째 페이지
class HeroPage extends StatelessWidget {
 @override
 Widget build(BuildContext context) {
   return Scaffold(
     appBar: AppBar(
       title: Text('Hero'),
     ),
```

```
      body: Center(
        child: GestureDetector(
          onTap: () {
            Navigator.push(
              context,
              MaterialPageRoute(builder: (context) => HeroDetailPage()),
            );
          },
          child: Hero(      ❶
            tag: 'image',    // 여기서 작성한 태그와 두 번째 페이지의 태그가 동일해야 함   ❷
            child: Image.asset(
              'assets/sample.jpg',
              width: 100,
              height: 100,
            ),
          ),
        ),
      ),
    );
  }
}

// 두 번째 페이지
class HeroDetailPage extends StatelessWidget {
  @override
  Widget build(BuildContext context) {
    return Scaffold(
      appBar: AppBar(
        title: Text('Hero Detail'),
      ),
      body: Hero(      ❸
        tag: 'image',    // 여기서 작성한 태그와 첫 번째 페이지의 태그가 동일해야 함   ❹
        child: Image.asset('assets/sample.jpg'),
      ),
    );
  }
}
```

5.4.2 AnimatedContainer

Hero 위젯이 화면 전환시 애니메이션 효과를 지원했다면 AnimatedContainer 위젯은 한 화면 내에서 setState() 함수를 호출하여 화면을 새로 그릴 때 변경된 프로퍼티에 의해 애니메이션 되도록 해줍니다.

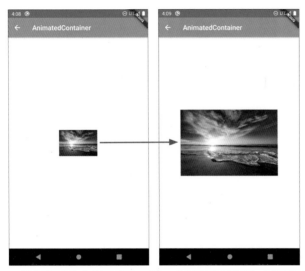

▶ 현재 화면에서 애니메이션을 주면서 크기나 모양을 변경시킬 때 사용합니다.

Container 위젯과 쓰임새는 비슷하지만 ❶ duration, ❷ curve 등의 애니메이션 관련 프로퍼티가 있습니다. duration 프로퍼티는 필수이며 애니메이션되는 데 걸리는 시간을 Duration 클래스를 사용해 정의할 수 있습니다. ❷ Curves 클래스에는 미리 정의된 여러 애니메이션 효과가 들어 있으니 시험해보기 바랍니다.

```
AnimatedContainer(
    duration: Duration(seconds: 1),   // 1초 동안 애니메이션 적용      ❶
    width: 100.0,                     // 가로 길이
    height: 150.0,                    // 세로 길이
    child: [위젯]
    curve: Curves.fastOutSlowIn,      // 미리 정의된 애니메이션 효과    ❷
),
```

다음 코드는 100×100 크기의 이미지를 탭하면 100~299 크기로 랜덤하게 크기가 변경되어 애니메이션되는 예입니다. 상태를 변경시키면서 애니메이션이 적용되므로 StatefulWidget으로 작성합니다.

```
import 'dart:math';   // Random 클래스 사용에 필요 ❸


  ...생략...

class _AnimatedContainerPageState extends State<AnimatedContainerPage> {
  var _size = 100.0;   ❹

  @override
  Widget build(BuildContext context) {
    return Scaffold(
      appBar: AppBar(
        title: Text('AnimatedContainer'),
      ),
      body: Center(
        child: GestureDetector(
          onTap: () {
            final random = Random();   // Random 클래스 사용 준비
            setState(() {
              // 클릭할 때마다 100.0~299.0 사이의 실수를 랜덤하게 얻기
              _size = random.nextInt(200).toDouble() + 100;  ❺
            });
          },
          child: AnimatedContainer(  ❻
            duration: Duration(seconds: 1),  ❼
            width: _size,      // 랜덤한 값을 적용
            height: _size,     // 랜덤한 값을 적용
            child: Image.asset('assets/sample.jpg'),
            curve: Curves.fastOutSlowIn,   ❽
          ),
        ),
      ),
    );
  }
}
```

❸ 랜덤한 값을 생성하는 Random 클래스를 사용하려면 임포트해야 합니다.

❹ 초기에 100.0 값을 가지는 _size 변수는 ❺ 사진을 클릭할 때마다 랜덤하게 100.0 ~ 299.0 사이의 값이 됩니다.

NOTE_ 랜덤값 계산식

랜덤 함수의 역할과 왜 100.0 ~ 299.0 사이의 난수가 발생하는지 살펴봅시다.

1. nextInt(200) : 0 ~ 199 사이의 난수를 정수로 반환
2. toDouble() : 정수를 실수로 변환 ⇒ 0.0 ~ 199.0
3. + 100 : 100씩 더함 ⇒ 100.0 ~ 299.0

AnimatedContainer의 width, height 프로퍼티가 double을 받기 때문에 실수로 변경했습니다.

---

setState() 함수에 의해 다시 그려질 때 ❻ AnimatedContainer 위젯은 이전 _size 값에서 새로 갱신된 _size 값까지 ❼ 1초 동안 ❽ fastOutSlowIn에 정의된 효과가 적용되며 애니메이션 됩니다.

5.4.3 SliverAppBar와 SliverFillRemaining

SliverAppBar와 SliverFillRemaining은 화면 헤더를 동적으로 표현하는 위젯입니다. 헤더를 위로 스크롤하면 헤더 부분이 작아지면서 헤더 하단에 있던 정적인 내용만 보이는 AppBar 형태로 애니메이션됩니다. 이런 효과를 Sliver 효과라고 부르겠습니다.

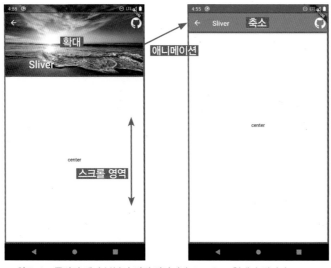

▶ 위로 스크롤하면 헤더 부분이 점점 작아지다 AppBar 형태가 됩니다.

다음은 SliverAppBar와 SliverFillRemaining을 사용한 예입니다.

```
class SliverPage extends StatelessWidget {
  @override
  Widget build(BuildContext context) {
   return Scaffold(
     body: CustomScrollView(     ❶
       slivers: <Widget>[
         SliverAppBar(     // 헤더 영역  ❷
           pinned: true,     // 축소시 상단에 AppBar가 고정되는지 설정
           expandedHeight: 180.0,   // 헤더의 최대 높이
           flexibleSpace: FlexibleSpaceBar(   // 늘어나는 영역의 UI 정의   ❸
             title: Text('Sliver'),
             background: Image.asset(
               'assets/sample.jpg',
               fit: BoxFit.cover,
             ),
           ),
         ),
         SliverFillRemaining(   // 내용 영역   ❹
           child: Center(
             child: Text('center'),
           ),
         ),
       ],
     ),
   );
  }
}
```

Scaffold의 appBar를 지정하지 않고 body에 ❶ CustomScrollView의 인스턴스를 지정했습니다. 그리고 CustomScrollView의 slivers 프로퍼티에 ❷ SliverAppBar와 ❹ SliverFillRemaining 위젯을 설정합니다.

❷ SliverAppBar 위젯의 Sliver 효과를 위한 최소한의 프로퍼티는 pinned, expandedHeight, flexibleSpace입니다.

- pinned : 축소될 때 상단에 AppBar가 고정될지 사라질지 설정합니다.
- expandedHeight : 확대될 때의 최대 높이를 정합니다.
- flexibleSpace : 확대/축소되는 영역의 UI를 작성합니다.

❸ flexibleSpace 위젯은 title과 background 프로퍼티를 활용하여 적절히 AppBar 영역이 확장되었을 때의 UI를 작성합니다.

❹ SliverFillRemaining 위젯에는 스크롤 영역에 표시될 화면을 정의합니다. child에 작성한 내용의 크기가 작아도 SliverAppBar 부분이 축소될 때 딱 하나의 크기가 알아서 결정됩니다.

5.4.4 SliverAppBar와 SliverList

앞선 SliverFillRemaining 위젯은 하나의 정적인 화면을 구성할 때 사용하는 반면 다음 그림처럼 ListView를 사용하며 Sliver 효과를 주고 싶다면 ListView 대신 SliverList를 사용해야 합니다.

▶ Sliver 효과와 리스트를 사용하기 위해서는 **SliverList**를 사용해야 합니다.

다음은 위 동작을 SliverAppBar와 SliverList로 구현한 예입니다. SliverFillRemaining 대신 ❷ SliverList로 바꾸었습니다.

```dart
class SliverListPage extends StatelessWidget {
  // 'No. 0'에서 'No. 49'까지 표시하는 ListTile을 담은 리스트
  final _items = List.generate(50, (i) => ListTile(title: Text('No. $i')));   ❶

  @override
  Widget build(BuildContext context) {
    return Scaffold(
      body: CustomScrollView(
        slivers: <Widget>[
          SliverAppBar(
            pinned: true,
            expandedHeight: 180.0,
            flexibleSpace: FlexibleSpaceBar(
              title: Text('Sliver'),
              background: Image.asset(
                'assets/sample.jpg',
                fit: BoxFit.cover,
              ),
            ),
            actions: <Widget>[
              IconButton(
                icon: Image.asset('assets/github_icon.png'),
                onPressed: () {},
              )
            ],
          ),
          SliverList(   ❷
            delegate: SliverChildListDelegate(_items),   ❸
          ),
        ],
      ),
    );
  }
}
```

❷ SliverList는 delegate 프로퍼티에 SliverChildListDelegate 클래스 인스턴스를 지정해야 합니다. ❸ SliverChildListDelegate 클래스의 생성자에 표시할 위젯 리스트(_items)를 인수로 전달해야 하며 ❶ _items는 ListTile이 50개(0~49)인 리스트입니다.

5.5 쿠퍼티노 디자인

지금까지 다룬 모든 위젯은 flutter/material.dart 패키지에 정의되어 있고 기본적으로 머티리얼 디자인 규칙[1]을 따르고 있습니다. 하지만 머티리얼 디자인은 안드로이드에 적용하려고 구글이 만든 디자인 규칙이므로 아이폰에는 어울리지 않습니다.

좀 더 아이폰스러운 디자인을 적용하려면 쿠퍼티노 디자인[2]을 사용합니다. flutter/cupertino.dart 패키지에는 다양한 쿠퍼티노 디자인용 UI 위젯이 준비되어 있습니다. Cupertino로 시작하는 이름의 클래스들이 이에 해당되며 사용 방법이 머티리얼 위젯과 비슷하므로 쉽게 적용할 수 있습니다. 재미있게도 두 디자인 콘셉트를 섞어서 사용할 수도 있고 안드로이드 앱을 아이폰스럽게 만드는 것도 가능합니다.

5.5.1 쿠퍼티노 기본 UI

쿠퍼티노 디자인에서는 AppBar 대신 CupertinoNavigationBar를 사용하며 CupertinoSwitch, CupertinoButton 등을 사용합니다.

▶ 쿠퍼티노 디자인이 적용된 화면

---

1 material.io/design/ 참고

2 developer.apple.com/design/ 참고

쿠퍼티노 디자인으로 앞의 그림과 같은 예제를 작성하면 다음과 같습니다. 쿠퍼티노 디자인이라
도 특별히 다른 점은 없습니다. 시작점인 **MyApp** 클래스도 동일하며 대신 ❶ cupertino.dart 패
키지를 임포트해야 쿠퍼티노 위젯을 사용할 수 있습니다.

```dart
import 'package:flutter/cupertino.dart';   // 쿠퍼티노 위젯   ❶
import 'package:flutter/material.dart';    // 머티리얼 위젯

// MyApp 클래스는 동일

class MyHomePage extends StatefulWidget {
  @override
  _MyHomePageState createState() => _MyHomePageState();
}

class _MyHomePageState extends State<MyHomePage> {
  var _isOn = false;

  @override
  Widget build(BuildContext context) {
    return Scaffold(
      appBar: CupertinoNavigationBar(          // 머티리얼의 AppBar에 대응   ❷
        middle: Text('4.10 쿠퍼티노 디자인'),     // 머티리얼 AppBar의 title에 대응
      ),
      body: Column(
        children: <Widget>[
          CupertinoSwitch(   // Switch에 대응   ❸
            value: _isOn,
            onChanged: (bool value) {
              setState(() {
                _isOn = value;
              });
            },
          ),
          CupertinoButton(   // ElevatedButton에 대응   ❹
            borderRadius: BorderRadius.circular(16.0),
            color: Colors.orange,
            child: Text('쿠퍼티노 AlertDialog'),
            onPressed: () {
              // 클릭 이벤트
```

```
          },
        ),
        CupertinoButton(
          child: Text('쿠퍼티노 Picker'),
          onPressed: () {
            // 클릭 이벤트
          },
        ),
      ],
    ),
  );
}


_showCupertinoDialog() {
  // CupertinoAlertDialog, 뒤에서 작성함
}


_showCupertinoPicker() {
  // CupertinoPicker, 뒤에서 작성함
}
}
```

머티리얼 디자인과 다른 부분을 살펴보겠습니다. 먼저 ❷ CupertinoNavigationBar 위젯은 머티리얼의 AppBar 위젯에 대응합니다. leading, middle, trailing 프로퍼티는 각각 왼쪽, 가운데, 오른쪽 영역을 나타내며 middle 프로퍼티에는 주로 제목을 표시합니다.

❸ CupertinoSwitch는 머티리얼의 Switch와 사용 방법이 동일합니다. 참고로 쿠퍼티노 디자인에서는 체크박스나 라디오 버튼이 따로 없고 스위치만 사용합니다. ❹ 쿠퍼티노 디자인의 ElevatedButton 버튼에 대응하는 것으로 CupertinoButton 위젯이 제공됩니다. 기본 형태는 버튼 형태가 없는 글자만 있는 버튼입니다. borderRadius 프로퍼티를 설정하여 외곽선을 얼마나 둥글게 할지 설정할 수 있습니다.

5.5.2 CupertinoAlertDialog

쿠퍼티노 스타일의 AlertDialog입니다.

▶ 쿠퍼티노 AlertDialog

기본적인 사용 방법은 머티리얼의 AlertDialog와 같습니다. showDialog() 함수의 builder 프로퍼티에 ❶ CupertinoAlertDialog 위젯 인스턴스를 지정합니다. actions 프로퍼티에는 어떠한 위젯도 가능하지만 주로 ❷ CupertinoDialogAction 위젯의 인스턴스를 지정합니다.

```
showDialog(
  context: context,
  builder: (context) => CupertinoAlertDialog(    ❶
    title: [위젯],
    content: [위젯],
    actions: <Widget>[
      CupertinoDialogAction(...생략...),    ❷
      CupertinoDialogAction(...생략...),
    ],
  ),
);
```

5.5.1절 '쿠퍼티노 기본 UI'에서 작성했던 예제에 _showCupertinoDialog() 메서드를 다음과 같이 입력합니다. 기본적인 사용 방법은 머티리얼의 AlertDialog와 동일하며 showDialog() 함수의 builder 프로퍼티에 ❸ CupertinoAlertDialog 인스턴스를 반환하는 것이 다릅니다.

```
_showCupertinoDialog() {
  showDialog(
    context: context,
    builder: (context) => CupertinoAlertDialog(    ③
      title: Text('제목'),
      content: Text('내용'),
      actions: <Widget>[
        CupertinoDialogAction(
          child: Text('Cancel'),
        ),
        CupertinoDialogAction(
          child: Text('Ok'),
          onPressed: () {
            Navigator.of(context).pop();    // 다이얼로그 닫기
          },
        ),
      ],
    ),
  );
}
```

5.5.3 CupertinoPicker

iOS에서 자주 사용되는 피커입니다. 위 아래로 스크롤하고 피커 바깥을 클릭하면 선택한 값이
적용됩니다.

▶ CupertinoPicker

showCupertinoModalPopup() 함수를 사용하고 builder 프로퍼티에 ❶ CupertinoPicker 위젯을 적용합니다. 기본적으로 전체 화면 크기가 되므로 ❷ Container 위젯으로 감싸고 ❸ 높이를 조절하면 위 그림과 같이 하단의 일부가 되도록 할 수 있습니다. ❶ CupertinoPicker 위젯의 ❹ itemExtent 프로퍼티는 표시할 아이템의 높이값을 지정합니다. ❺ onSeletedItemChanged 프로퍼티에 작성한 함수는 피커의 바깥 부분을 클릭했을 때 피커가 닫히면서 호출됩니다. 이때 호출되는 함수의 인수인 value는 선택된 값의 인덱스 번호입니다.

```
showCupertinoModalPopup(
  context: context,
  builder: (context) => Container(    ❷
    height: [double 값],    // 피커의 높이를 정해 줌    ❸
    child: CupertinoPicker(    ❶
      children: <Widget>[...생략...],
      itemExtent: [double 값],    // 표시할 항목의 높이    ❹
      onSelectedItemChanged: (int value) {    ❺
        // 선택된 항목의 인덱스 value를 처리
      },
    ),
  ),
);
```

5.5.1절 '쿠퍼티노 기본 UI'에서 작성했던 예제에 _showCupertinoPicker() 메서드를 다음과 같이 입력합니다. 피커에서 값을 어떻게 받아오는지 중요 부분을 볼드체로 표시했습니다.

```
_showCupertinoPicker() async {    ❻
  // 0부터 9까지의 숫자 리스트 생성
  final _items = List.generate(10, (i) => i);
  var result = _items[0];    // 기본값 0

  await showCupertinoModalPopup(    ❼
    context: context,
    builder: (context) => Container(
      height: 200.0,    // 피커의 높이는 200
      child: CupertinoPicker(
        children: _items.map((e) => Text('No. $e')).toList(),    // 0부터 9까지의 숫자 표시
        itemExtent: 50.0,    // 항목 1개의 높이는 50
```

```
        onSelectedItemChanged: (int value) {
          result = _items[value];
        },
      ),
    ),
  );
  print(result);  ❽
}
```

피커에 0부터 9까지의 숫자를 표시하고 원하는 숫자를 선택한 후 피커 바깥을 클릭하면 결과를 출력합니다.

❼ showCupertinoModalPopup ( ) 함수는 Future 타입을 반환하기 때문에 await 키워드를 사용하여 피커가 닫힐 때까지 대기한 후 ❽ result 변수의 값을 출력합니다. await 키워드를 사용하려면 메서드 선언시 ❻ async 키워드를 사용해야 합니다.

5.6 마치며

이 장에서는 사용자와 상호작용을 하는 위젯과 쿠퍼티노 디자인 위젯을 배웠습니다.

- 애니메이션용 위젯으로 감싸면 애니메이션도 비교적 간단히 구현할 수 있습니다.
- cupertino.dart 패키지를 임포트하면 쿠퍼티노 디자인용 위젯을 사용할 수 있습니다.

6장 내비게이션

새로운 화면으로 전환하거나 이전 화면으로 돌아가는 것을 내비게이션이라고 합니다. 이 장에서
는 플러터에서 제공하는 다양한 내비게이션 방법을 설명합니다.

이 장에서 다루는 내용은 다음과 같습니다.

- 새로운 화면으로 이동하는 방법
- 이전 화면으로 돌아가는 방법
- 데이터를 다른 화면으로 전달하는 방법
- StatefulWidget 클래스의 내비게이션 방식과 생명주기 메서드

6.1 새로운 화면으로 이동

새로운 화면을 띄우거나 이전 화면으로 돌아가는 방법을 알아보겠습니다. 두 화면을 내비게이션
하는 앱을 만들어보겠습니다. main.dart 파일에 다음과 같이 두 화면에 해당하는 FirstPage와
SecondPage 클래스를 작성합니다.

```dart
import 'package:flutter/material.dart';

void main() => runApp(MyApp());

class MyApp extends StatelessWidget {
  @override
  Widget build(BuildContext context) {
    return MaterialApp(
      title: 'Flutter Demo',
      theme: ThemeData(
        primarySwatch: Colors.blue,
      ),
      home: FirstPage(),   // 첫 페이지를 시작 페이지로 지정
    );
  }
}

// 첫 페이지
class FirstPage extends StatelessWidget {
  @override
```

```
  Widget build(BuildContext context) {
    return Scaffold(
      appBar: AppBar(
        title: Text('First'),
      ),
      body: ElevatedButton(
        child: Text('다음 페이지로'),
        onPressed: () {},
      ),
    );
  }
}

// 두 번째 페이지
class SecondPage extends StatelessWidget {
  @override
  Widget build(BuildContext context) {
    return Scaffold(
      appBar: AppBar(
        title: Text('Second'),
      ),
      body: ElevatedButton
        child: Text('이전 페이지로'),
        onPressed: () {},
      ),
    );
  }
}
```

각 화면에는 ElevatedButton이 하나씩 있고 이 버튼을 눌렀을 때 화면 전환이 되도록 수정할 겁니다.

6.1.1 파일 분할 및 임포트 방법

파일 하나에 모든 클래스를 작성할 수 있습니다. 예를 들어 main.dart 안에 여러 페이지를 작성하면 다음과 같이 파일 하나만 사용합니다.

```
└── lib
    └── main.dart
```

물론 다음과 같이 별도 파일로 분리하여 작성할 수도 있습니다.

```
└── lib
    ├── main.dart
    ├── first_page.dart
    └── second_page.dart
```

이처럼 파일을 분리할 경우에는 ❶ 임포트하여 다른 파일에 있는 클래스를 사용할 수 있습니다.

```
import 'package:flutter/material.dart';
import 'package:flutter_basic/first_page.dart';      ❶
import 'package:flutter_basic/second_page.dart';

void main() => runApp(MyApp());

class MyApp extends StatelessWidget {
  @override
  Widget build(BuildContext context) {
    return MaterialApp(
      title: 'Flutter Demo',
      theme: ThemeData(
        primarySwatch: Colors.blue,
      ),
      home: FirstPage(),
    );
  }
}
```

실제 프로그램을 작성할 때는 코드를 여러 파일에 분리하는 것이 코드 재활용 등의 면에서 좋지만, 책에서는 편의상 모든 예제를 하나의 파일 안에 작성합니다.

6.1.2 push로 새로운 화면 호출

FirstPage 클래스를 수정하여 SecondPage로 전환하려면 Navigator 클래스의 push() 메서드를 사용합니다. 기본적인 사용 방법은 다음과 같습니다.

```
Navigator.push(
  context,
  MaterialPageRoute(builder: (context) => [이동할 페이지]),
);
```

첫 번째 인수로 context가 필요하고 두 번째 인수로 MaterialPageRoute 인스턴스가 필요합니다. 이 클래스는 머티리얼 디자인으로 작성된 페이지 사이에 화면 전환을 할 때 사용됩니다. 이 클래스의 builder 프로퍼티에 이동할 페이지를 나타내는 함수를 작성합니다. 예를 들면 다음과 같은 람다 함수를 전달할 수 있습니다. 입력 매개변수인 BuildContext 타입은 타입 추론에 의해 생략이 가능합니다.

```
(Context context) => SecondPage()
```

다음과 같이 FirstPage의 버튼을 눌렀을 때 ❶ SecondPage로 이동하는 코드를 Navigator.push() 메서드를 사용하여 작성할 수 있습니다.

```
class FirstPage extends StatelessWidget {
  @override
  Widget build(BuildContext context) {
    return Scaffold(
      appBar: AppBar(
        title: Text('First'),
      ),
      body: ElevatedButton(
        child: Text('다음 페이지로'),
        onPressed: () {
          Navigator.push(    // SecondPage로 화면 이동 코드   ❶
            context,
            MaterialPageRoute(builder: (context) => SecondPage()),  ❷
          );
        },
      ),
    );
  }
}
```

❶ Navigator.push() 메서드의 두 번째 인수로 사용된 ❷ MaterialPageRoute 클래스는 안드로이드와 iOS 각 플랫폼에 맞는 화면 전환을 지원해줍니다. builder 프로퍼티에는 BuildContext 인스턴스를 인수로 받고 이동할 화면의 클래스 인스턴스를 반환하는 함수를 작성합니다. 여기서는 SecondPage 화면을 표시합니다.

예제를 실행하고 첫 번째 페이지에서 ❸ '다음 페이지로' 버튼을 탭하면 두 번째 페이지가 표시됩니다. 게다가 별다른 코드를 추가하지 않아도 두 번째 페이지에는 AppBar의 ❹ leading 영역에 뒤로 가기 아이콘이 표시되며 이 아이콘을 탭하면 이전 화면으로 이동하도록 자동으로 구성됩니다.

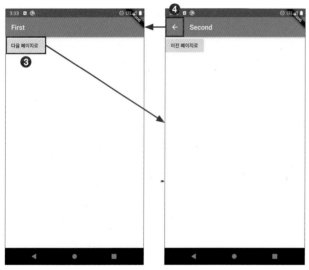

▶ 머티리얼 디자인에 맞게 자동으로 뒤로 가기 아이콘도 생깁니다.

6.1.3 pop으로 이전 화면으로 이동

Navigator.push() 메서드로 새로운 화면이 표시되어도 이전 화면은 메모리에 남게 됩니다. 이때 Navigator.pop() 메서드로 현재 화면을 종료하고 이전 화면으로 돌아갈 수 있습니다.

SecondPage 클래스의 코드를 ❶ 다음과 같이 수정하면 버튼을 눌렀을 때 이전 화면이 다시 표시됩니다.

```
class SecondPage extends StatelessWidget {
  @override
  Widget build(BuildContext context) {
    return Scaffold(
      appBar: AppBar(
        title: Text('Second'),
      ),
      body: ElevatedButton(
```

```
        child: Text('이전 페이지로'),
        onPressed: () {
          Navigator.pop(context);     // 현재 화면을 종료하고 이전 화면으로 돌아가기  ❶
        },
      ),
    );
  }
}
```

6.1.4 새로운 화면에 값 전달하기

새로운 화면을 표시하면서 데이터도 함께 전달하는 방법을 알아보겠습니다. 이름과 나이 프로퍼티를 가지는 Person 클래스를 다음과 같이 정의해보았습니다.

```
class Person {
  String name;
  int age;

  Person(this.name, this.age);
}

class FirstPage extends StatelessWidget { ...생략... }

class SecondPage extends StatelessWidget { ...생략... }
```

그런 다음 FirstPage 클래스의 버튼 클릭 이벤트 부분을 다음처럼 수정합니다.

```
onPressed: () {
  final person = Person('홍길동', 20);
  Navigator.push(
    context,
    MaterialPageRoute(builder: (context) => SecondPage(person: person)),
  );
},
```

SecondPage 클래스에서 Person 객체를 받을 수 있도록 다음과 같이 코드를 수정합니다.

```
class SecondPage extends StatelessWidget {
  final Person person;

  SecondPage({@required this.person});   ❶

  @override
  Widget build(BuildContext context) {
    return ...생략...
  }
}
```

❶ @required를 붙이면 필수 입력 인수를 나타냅니다. SecondPage 클래스의 생성자는 Person 객체를 반드시 받아야 합니다.

6.1.5 이전 화면으로 데이터 돌려주기

Navigator.push() 메서드와 Navigator.pop() 메서드를 조금 수정하면 SecondPage 클래스에서 FirstPage 클래스로 데이터를 돌려줄 수 있습니다. 다음 코드는 ok라는 문자열을 이전 페이지에 돌려줍니다.

```
Navigator.pop(context, 'ok');
```

FirstPage 클래스가 SecondPage 클래스로부터 데이터를 돌려받으려면 push() 메서드를 다음과 같이 수정합니다.

```
onPressed: () async {   ❷
  final person = Person('홍길동', 20);
  final result = await Navigator.push(   ❶, ❸
    context,
    MaterialPageRoute(builder: (context) => SecondPage(person: person)),
  );

  print(result);   ❹
},
```

push() 메서드는 Future 타입의 반환 타입을 가집니다. Future는 미래에 값이 들어올 것을 나타내는 클래스입니다. Future 값을 반환받으려면 다음 두 가지 조치를 합니다. ❶ await 키워드를 메서드 실행 앞에 추가합니다. ❷ await 키워드를 사용하는 메서드의 인수와 함수 본문 사이에 async 키워드를 추가합니다.

이러한 코드는 push() 메서드가 어떤 값을 반환할 때까지 기다리게 합니다. 그리고 반환값을 기다리는 동안 앱이 멈추지 않습니다. 나중에 값이 들어오면 그 값이 ❸ result에 담긴 후 비로소 ❹ print 문이 실행됩니다.

이렇게 어떤 일이 끝날 때까지 기다리면서 앱이 멈추지 않도록 하는 방식을 비동기 방식이라고 합니다.

두 번째 화면의 버튼을 탭하면 첫 번째 화면에서 'ok'를 출력하는 것을 안드로이드 스튜디오의 하단 Run 탭에서 확인할 수 있습니다.

6.2 routes를 활용한 내비게이션

지금까지 페이지를 이동할 때마다 직접 이동할 페이지의 클래스명을 작성했습니다. 그러면 페이지를 이동할 때마다 매우 긴 코드를 작성해야 해서 불편합니다. routes를 활용한 내비게이션을 사용하면 좀 더 간결하고 체계적인 방법으로 내비게이션을 구성할 수 있습니다.

6.2.1 routes 정의

routes는 MaterialApp 클래스의 routes 프로퍼티에 다음과 같은 형태로 정의할 수 있습니다.

```
class MyApp extends StatelessWidget {
 @override
 Widget build(BuildContext context) {
   return MaterialApp(
     title: 'Flutter Demo',
     theme: ThemeData(
       primarySwatch: Colors.blue,
     ),
     home: FirstPage(),    // 첫 페이지를 시작 페이지로 지정
```

```
    routes: {    ❶
      '/first': (context) => FirstPage(),
      '/second': (context) => SecondPage(),
    },
  );
 }
}
```

routes 프로퍼티에 Map 형태로(키-값 쌍으로) 문자열과 목적지 인스턴스를 작성하면 됩니다.

❶ '/first'는 FirstPage 클래스로, '/second'는 SecondPage 클래스로 연결되도록 정의했습니다. 여기서 맨 앞에 슬래시(/) 기호를 사용한 이유는 페이지 구조를 /first/a/b와 같은 형식으로 구조화하기 쉽기 때문이며, 이러한 표현 방식을 사용할 것을 추천합니다.

6.2.2 routes에 의한 화면 이동

이제 기존의 push() 메서드 대신 pushNamed() 메서드를 사용하여 화면 내비게이션을 실행시킬 수 있습니다.

FirstPage 클래스의 화면 이동 부분을 다음과 같이 수정합니다.

```
onPressed: () async {
  final result = await Navigator.pushNamed(context, '/second');

  print(result);
},
```

6.3 내비게이션 동작 방식의 이해

push() 메서드로 새로운 화면이 실행되고 pop() 메서드로 이전 화면으로 돌아간다는 것을 확인했습니다. 실행되는 화면은 스택Stack 구조로 메모리에 쌓이게 됩니다. 스택은 나중에 들어간 것이 먼저 나오는 구조입니다. 스택에서 모든 화면이 제거되면 앱이 종료됩니다.

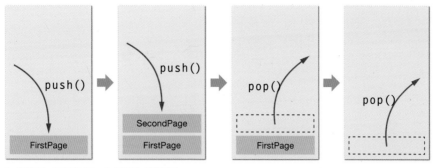

▶ 실행되는 화면은 Stack 구조로 쌓입니다.

여기서 StatelessWidget 클래스와 StatefulWidget 클래스의 동작 방법 차이를 이해하고 넘어가도록 하겠습니다.

6.3.1 StatelessWidget 클래스 동작

build() 메서드가 언제 호출되는지 확인해봅시다. 각 화면의 build() 메서드의 return 앞에 어떤 화면인지 확인할 수 있도록 ❶ print() 로그를 작성합니다.

```
class FirstPage extends StatelessWidget {
  @override
  Widget build(BuildContext context) {
    print('FirstPage build()');   ❶
    return Scaffold(...생략...);
  }
}

class SecondPage extends StatelessWidget {
  @override
  Widget build(BuildContext context) {
    print('SecondPage build()');   ❶
    return Scaffold(...생략...);
  }
}
```

❷ 앱 실행 > ❸ push로 두 번째 페이지 표시 > ❹ pop으로 ok 값을 가지고 돌아가기를 실행해봅니다.

```
I/flutter ( 7931): FirstPage build()    ← 앱 실행   ❷
I/flutter ( 7931): SecondPage build()   ← push    ❸
I/flutter ( 7931): ok                   ← 첫 페이지로 결과가 전달됨   ❹
```

화면이 표시되면서 build() 메서드가 호출됩니다. pop() 메서드로 뒤로 돌아갈 때는 두 번째
화면에서 받은 ❹ ok 문자열이 출력되었습니다.

6.3.2 StatefulWidget 클래스 동작

상태를 가지는 StatefulWidget 클래스 경우에도 동일하게 동작합니다. 다음과 같이 두 페이지
를 StatefulWidget 클래스로 작성했을 때 로그가 어떻게 출력되는지 확인해보겠습니다.

```
class FirstStatefulPage extends StatefulWidget {
  @override
  _FirstStatefulPageState createState() => _FirstStatefulPageState();
}

class _FirstStatefulPageState extends State<FirstStatefulPage> {
  @override
  Widget build(BuildContext context) {
    print('FirstPage build()');   ❷
    return Scaffold(
      appBar: AppBar(
        title: Text('First'),
      ),
      body: ElevatedButton(
        child: Text('다음 페이지로'),
        onPressed: () {
          final person = Person('홍길동', 20);
          Navigator.push(   ❶
            context,
            MaterialPageRoute(builder: (context) => SecondStatefulPage(person: person)),
          );
        },
      ),
    );
  }
}
```

```
class SecondStatefulPage extends StatefulWidget {
  final Person person;

  SecondStatefulPage({Key key, @required this.person}) : super(key: key);

  @override
  _SecondStatefulPageState createState() => _SecondStatefulPageState();
}

class _SecondStatefulPageState extends State<SecondStatefulPage> {
  @override
  Widget build(BuildContext context) {
    print('SecondPage build()');      ❸
    return Scaffold(
      appBar: AppBar(
        title: Text(widget.person.name),
      ),
      body: ElevatedButton(
        child: Text('이전 페이지로'),
        onPressed: () {
          Navigator.pop(context);
        },
      ),
    );
  }
}
```

❶ push() 메서드로 SecondStatefulPage 클래스를 표시한 직후에 ❷ FirstStatefulPage 클래스의 build() 메서드와 ❸ SencondStatefulPage 클래스의 build() 메서드가 호출됩니다.

```
// FirstPage 표시
I/flutter ( 1629): FirstPage build()
// SecondPage 표시
I/flutter ( 1629): SecondPage build()
```

build() 메서드는 화면 UI를 새로 그리는 역할을 하기 때문에 앱 성능에 지장을 줄만한 코드 (예를 들어 네트워크에 접속하여 데이터를 다운로드하거나 복잡한 계산을 하는 등)는 작성하면 안 됩니다.

6.3.3 initState, dispose

그렇다면 위에서 언급했던 네트워크 접속처럼 오래 걸리면서 자주 호출되면 안 되는 처리는 어디에 해야 할까요? StatefulWidget 클래스에는 build() 메서드 외에도 특정 타이밍에 실행되는 여러 메서드가 있습니다. 이러한 메서드들을 생명주기[lifecycle] 메서드라고 부릅니다.

initState() 메서드는 위젯이 생성될 때 호출됩니다. dispose() 메서드는 위젯이 완전히 종료될 때(pop될 때) 호출됩니다. 다음과 같이 initState(), dispose() 메서드를 재정의[override]하고 print() 함수로 로그를 출력해봅시다.

```
class _FirstStatefulPageState extends State<FirstStatefulPage> {

  @override
  void initState() {
    super.initState();
    print('FirstPage initState()');
  }

  @override
  void dispose() {
    super.dispose();
    print('FirstPage dispose()');
  }

  @override
  Widget build(BuildContext context) {
    print('FirstPage build()');
    return ...생략...
  }
}
```

그리고 두 번째 페이지에도 마찬가지로 로그를 출력하는 코드를 작성합니다.

```
class _SecondStatefulPageState extends State<SecondStatefulPage> {

  @override
  void initState() {
    super.initState();
```

```
      print('SecondPage initState()');
  }

  @override
  void dispose() {
    super.dispose();
    print('SecondPage dispose()');
  }

  @override
  Widget build(BuildContext context) {
    print('SecondPage build()');
    return ...생략...
  }
}
```

이제 ❶ FirstPage > ❷ SecondPage로 push > ❸ 뒤로(pop) > ❹ 뒤로(pop)를 실행하면 다음
과 같이 로그가 출력됩니다. 각 상황을 구분하기 쉽게 주석을 추가했습니다.

```
// FirstPage 표시   ❶
I/flutter ( 1629): FirstPage initState()
I/flutter ( 1629): FirstPage build()

// SecondPage 표시   ❷
I/flutter ( 1629): SecondPage initState()
I/flutter ( 1629): SecondPage build()
I/flutter ( 1629): FirstPage build()

// FirstPage로 돌아가기   ❸
I/flutter ( 1629): FirstPage build()
I/flutter ( 1629): SecondPage dispose()

// 앱 종료   ❹
I/flutter ( 1629): FirstPage dispose()
```

이 로그대로라면 방금 설명한 대로 build() 메서드에서 복잡한 처리나 네트워크 요청 등을 하
면 안 된다는 것을 알 수 있습니다.

예를 들어 페이지가 10단계로 화면 전환되는 앱을 만들었다면 10번째 페이지를 표시할 때 그 아래의 9개 페이지도 모두 build( ) 메서드가 호출될 수 있습니다. 그렇기 때문에 계산이나 네트워크 요청 등의 로직은 build( ) 메서드가 아닌 initState( ) 메서드에서 수행해야 합니다.

그렇다고 하더라고 StatefulWidget 클래스의 build( ) 메서드가 자주 호출되기 때문에 성능이 안 좋지 않을까 걱정하는 분도 있을 겁니다. 저 또한 그랬지만 구글에서는 이러한 방식에 아무런 문제가 없다고 합니다.

6.4 마치며

이 장에서는 플러터에서 화면을 전환하는 방법을 제공하는 내비게이션을 배웠습니다.

- Navigator 클래스에는 내비게이션 기능을 제공하는 메서드들이 준비되어 있습니다.
- 새로운 화면을 표시할 때는 push( ) 메서드를 사용합니다.
- 현재 화면을 종료하고 이전 화면을 표시하려면 pop( ) 메서드를 사용합니다.
- pop( ) 메서드의 두 번째 인수에 이전 화면으로 전달할 값을 지정할 수 있습니다.
- push( ) 메서드는 반환 타입이 Future며 비동기로 동작하며 작업이 끝날 때까지 대기합니다.
- Future 값을 받으려면 async – await 패턴을 사용합니다.
- 비동기 코드가 실행 중일 때도 앱은 멈추지 않습니다.
- StatefulWidget 클래스는 상황에 따라 build( ) 메서드가 자주 호출될 수 있습니다.
- initState( ) 메서드는 StatefulWidget 클래스가 생성될 때 호출됩니다.
- dispose( ) 메서드는 StatefulWidget 클래스가 종료될 때 호출됩니다.

7장 복잡한 UI 작성

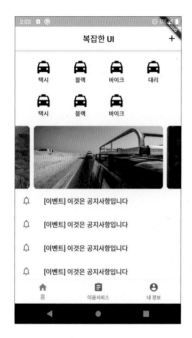

난이도	★☆☆
프로젝트명	chapter07
핵심 구성 요소	– BottomNavigationBar : 하단의 탭을 구성합니다.
	– AppBar : 상단의 제목줄을 구성합니다.
	– Row, Column : 가로, 세로로 레이아웃을 구성합니다.
	– GestureDetector : 어떤 위젯이라도 클릭 가능하게 해줍니다.
	– Opacity : 투명도를 부여합니다.
	– CarouselSlider : 좌우로 슬라이드되는 UI 작성시 사용하는 별도의 라이브러리

7.1 해법 요약

이 장에서는 다양한 위젯을 활용하여 실제로 자주 사용할 만한 UI를 작성합니다. 화면을 작성하면서 장애를 극복하는 시나리오입니다. 이 장을 마치게 되면 어떤 UI를 맞닥뜨리더라도 당황하지 않고 차근차근 만들어나갈 수 있는 요령과 팁을 배우게 됩니다.

이 장에서 다루는 내용은 다음과 같습니다.

- 플러터로 UI를 작성하는 요령과 팁
- 다른 위젯으로 감싸거나 벗기는 팁
- 라이브러리를 추가하고 사용하는 방법
- 스크롤 안에 스크롤 객체를 넣을 때의 팁

작성할 화면은 다음과 같습니다. 하단에는 3개의 탭 메뉴가 있으며 클릭하면 다른 화면이 표시됩니다. 화면을 크게 상단, 중단, 하단으로 나눕니다. 화면 전체는 상하로 스크롤됩니다.

- **상단** : 메뉴 7개가 있습니다.
- **중단** : 배너가 자동으로 좌우로 스크롤되는 슬라이더가 있습니다.
- **하단** : 게시글이 표시되는 리스트가 있습니다.
- **탭 메뉴** : 3개의 탭이 있습니다.

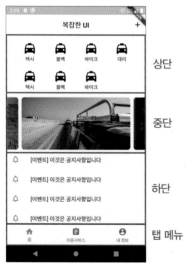

▶ 완성된 앱

구현 순서는 다음과 같습니다.

1. 스텝 1 : 뼈대 작성
2. 스텝 2 : BottomNavigationBar 위젯을 이용한 하단 탭 구성
3. 스텝 3 : AppBar 위젯 수정
4. 스텝 4 : 화면이 3개인 UI 작성
5. 스텝 5 : 상단 부분
6. 스텝 6 : 중단 부분
7. 스텝 7 : 하단 부분

7.2 스텝 1 : 뼈대 작성

새로 시작하는 마음으로 프로젝트의 main.dart 파일을 다음과 같이 백지 상태로 수정합니다.
수정된 부분은 볼드체로 표시했습니다.

```dart
import 'package:flutter/material.dart';

void main() => runApp(MyApp());

class MyApp extends StatelessWidget {
  @override
  Widget build(BuildContext context) {
    return MaterialApp(
      title: 'Flutter Demo',
      theme: ThemeData(
        primarySwatch: Colors.blue,
      ),
      home: MyHomePage(),
    );
  }
}

class MyHomePage extends StatefulWidget {    ❶
  @override
  _MyHomePageState createState() => _MyHomePageState();
}
```

```
class _MyHomePageState extends State<MyHomePage> {

  @override
  Widget build(BuildContext context) {
    return Container();
  }
}
```

❶ MyHomePage, _MyHomePageState 클래스는 전부 타이핑하는 것이 아니라 3.3.3절 '코드 자동
완성 기능 이용하기'에서 배운 대로 stful 작성 후 엔터키를 눌러서 빠르게 작성합니다.

7.3 스텝 2 : BottomNavigationBar 위젯을 이용한 하단 탭 구성

총 3개 페이지로 구성된 UI 앱입니다. 탭을 클릭하면 페이지가 전환되도록 하단 탭 부분을 먼
저 작성하겠습니다.

머티리얼 디자인 앱의 뼈대인 Scaffold 위젯은 상단 제목이 표시되는 AppBar 위젯뿐만 아니라
하단 탭을 구성하는 BottomNavigationBar 위젯도 지원합니다. 하단에 3개 탭을 배치하려면
Scaffold 위젯의 bottomNavigationBar 프로퍼티에 BottomNavigationBar 인스턴스를 정의하
면 됩니다. BottomNavigationBar 위젯을 사용하여 다음과 같은 화면을 만들어보겠습니다.

▶ 앱을 실행하면 하단에 세 개의 탭이 있고 탭을 클릭하면 페이지가 전환됩니다.

7.3.1 하단 탭 작성

하단에 3개 탭을 표시하는 _MyHomePageState 클래스를 다음과 같이 작성합니다.

```dart
class _MyHomePageState extends State<MyHomePage> {
  var _index = 0;   // 페이지 인덱스 0, 1, 2   ❶

  @override
  Widget build(BuildContext context) {
    return Scaffold(   ❷
      appBar: AppBar(
        title: Text('복잡한 UI'),
      ),
      body: Center(
        child: Text(
          '$_index 페이지',
          style: TextStyle(fontSize: 40),
        ),
      ),
      bottomNavigationBar: BottomNavigationBar(   ❸
        onTap: (index) {   ❹
          setState(() {
            _index = index;   // 선택된 탭의 인덱스로 _index를 변경
          });
        },
        currentIndex: _index,   // 선택된 인덱스   ❺
        items: <BottomNavigationBarItem>[   ❻
          BottomNavigationBarItem(
            label: '홈',
            icon: Icon(Icons.home),
          ),
          BottomNavigationBarItem(
            label: '이용서비스',
            icon: Icon(Icons.assignment),
          ),
          BottomNavigationBarItem(
            label: '내 정보',
            icon: Icon(Icons.account_circle),
          ),
        ],
      ),
```

```
    );
  }
}
```

❶ 3개 페이지를 표현할 수 있도록 _index 변수를 준비합니다. 각 페이지는 0, 1, 2 값을 가지게 합니다.

❷ build() 메서드에 작성된 Container() 코드를 Scaffold 위젯으로 수정했습니다. appBar 프로퍼티와 body 프로퍼티 작성은 지금까지와 비슷합니다.

❸ bottomNavigationBar 프로퍼티에 탭을 3개 작성했습니다. ❻ items 프로퍼티에는 BottomNavigationBarItem 위젯의 리스트를 정의합니다. 이 위젯은 탭을 정의하고 label과 icon을 지정할 수 있습니다. ❺ currentIndex 프로퍼티에는 현재 선택된 탭이 어떤 것인지 0번부터 시작하는 인덱스 번호를 지정해줍니다.

❹ 탭을 클릭하면 onTap 이벤트가 동작하고 선택된 탭의 인덱스가 전달됩니다. 또한 currentIndex 에 설정된 _index 값을 새로 클릭한 탭의 인덱스로 교체한 후 setState() 메서드를 사용해 화면을 갱신합니다.

앱을 실행하여 하단의 3개 탭이 잘 표시되는지, 탭을 클릭하면 해당 인덱스의 페이지가 화면에 잘 표시되는지 확인합니다. 이러한 UI는 요즘 앱에서 자주 사용하는 디자인입니다.

7.4 스텝 3 : AppBar 위젯 수정

AppBar 위젯은 제목이나 메뉴를 표시하는 등 머티리얼 디자인에서 앱의 통일성을 위해 꼭 필요한 요소입니다. AppBar 위젯에는 여러 가지 프로퍼티가 있어 입맛에 맞게 수정할 수 있습니다.

Scaffold의 appBar 프로퍼티를 다음과 같이 수정합니다.

```
appBar: AppBar(
  backgroundColor: Colors.white,    // 배경색을 흰색으로    ❶
  title: Text(
    '복잡한 UI',
    style: TextStyle(color: Colors.black),    // 글자색을 검은색으로    ❷
```

```
  ),
  centerTitle: true,    // 제목을 가운데로    ❸
),
```

▶ 제목이 가운데로 이동하고 색상이 변경됩니다.

❶ backgroundColor 프로퍼티에 흰색을 지정하여 AppBar 위젯의 배경색을 변경합니다.

❷ 기본 테마의 제목은 흰색이 기본값이기 때문에 글자색을 검은색으로 변경해서 화면에 잘 보이도록 합니다. Colors 클래스에는 다양한 색상값이 미리 상수로 정의되어 있어서 간단하게 색상을 선택할 때 유용합니다.

❸ 안드로이드에서는 기본적으로 제목이 좌측으로 정렬됩니다. centerTitle 프로퍼티를 지정하면 제목을 가운데에 표시할 수 있습니다.

실행하면 AppBar에 표시된 제목이 가운데로 이동하며, 배경색은 흰색으로, 글자색은 검은색으로 변경됩니다.

AppBar 위젯을 직접 수정하여 배경색과 글자색을 변경했지만 전체 테마 설정을 변경하면 더 간단하게 동일한 효과를 얻을 수 있습니다.

7.4.1 AppBar 오른쪽에 메뉴 추가

AppBar 위젯의 actions 프로퍼티에 위젯의 리스트를 정의하여 간단히 메뉴를 추가할 수 있습니다.

AppBar 위젯의 actions 프로퍼티를 다음과 같이 작성합니다.

```
appBar: AppBar(
  title: Text('복잡한 UI'),
  actions: <Widget>[
    IconButton(      ❶
      icon: Icon(
        Icons.add,
        color: Colors.black,    // 앱의 전체 테마를 수정했다면 작성하지 않아도 됨  ❷
      ),
      onPressed: () {},
    ),
  ],
),
```

AppBar 위젯의 actions 프로퍼티에는 어떠한 위젯도 리스트로 배치할 수 있습니다.

일반적으로 AppBar 메뉴를 작성할 때는 ❶ IconButton 위젯을 사용합니다. IconButton 위젯은 icon과 onPressed 프로퍼티를 정의할 수 있습니다.

현재 테마의 설정은 AppBar의 글자나 아이콘 색이 흰색입니다. 그런데 AppBar의 배경색도 흰색이므로 그 위에 표시할 글자나 아이콘 색을 ❷ 검은색으로 바꿔야 잘 보이게 됩니다. 하지만 위에서 소개한 전체 테마의 기본색을 흰색으로 설정했다면 ❷ 코드를 작성할 필요가 없습니다.

▶ 앱바 오른쪽에 메뉴 추가

7.5 스텝 4 : 화면이 3개인 UI 작성

현재까지는 별도의 페이지를 작성하지 않고 _index 값만 변경하여 표시하고 있습니다. 이제 3개 페이지를 작성하고 실제로 각 페이지가 표시되도록 코드를 수정해야 합니다.

main.dart 파일에 계속해서 다음과 같이 StatelessWidget 클래스를 상속받은 Page1, Page2, Page3 클래스를 정의합니다. 모든 페이지를 똑같은 형태로 만들고 Text의 글자만 '홈 페이지', '이용서비스', '내 정보'로 작성합니다. StatelessWidget 클래스는 stless 단축키를 사용하여 작성합니다.

```
class Page1 extends StatelessWidget {
  @override
  Widget build(BuildContext context) {
    return Center(
```

```
      child: Text(
        '홈 페이지',                    // 이 부분의 글자만 다르게 작성
        style: TextStyle(fontSize: 40),
      ),
    );
  }
}
```

```
class Page2 extends StatelessWidget {...생략...}    // 이용서비스
```

```
class Page3 extends StatelessWidget {...생략...}    // 내 정보
```

화면을 작성할 때는 상태를 변경할 만한 변수가 없다면 StatelessWidget으로 작성하도록 합니다.

다음으로 Scaffold의 body 프로퍼티는 방금 작성한 페이지가 표시되도록 다음과 같이 코드를 수정합니다.

```
class _MyHomePageState extends State<MyHomePage> {
  var _index = 0;
  var _pages = [      ❶
    Page1(),
    Page2(),
    Page3(),
  ];

  @override
  Widget build(BuildContext context) {
    return Scaffold(
      appBar: AppBar(...생략...),
      body: _pages[_index],     ❷
      bottomNavigationBar: BottomNavigationBar(...생략...);
  }
}
```

❶ 페이지를 _pages 리스트 변수의 값으로 정의했습니다.

❷ body 프로퍼티에는 화면이 갱신될 때마다 현재 선택된 인덱스 번호인 _index를 활용하여 해당 페이지를 찾아내도록 했습니다.

▶ 작성한 페이지가 표시됩니다.

앱을 실행하면 추가한 페이지들이 표시됩니다.

7.6 생산성을 높여주는 단축키

플러터 코드로 UI를 작성할 때 한 번에 완벽한 코드를 만들 수 있는 사람은 거의 없습니다. 작업하다 보면 Column이나 Row로 감싸거나 Padding으로 감싸는 경우가 빈번합니다. 그렇게 되면 나중에 수동으로 Padding을 제거하거나 Column을 제거하는 일이 발생해 굉장히 불편합니다. 여러 위젯이 중첩된 코드 중간에 위젯을 추가하거나 삭제할 때 정확한 위치에 괄호를 넣거나 제거하는 것이 얼마나 어려운 일인지 겪어보면 알게 됩니다.

지금부터 따라할 예제도 계속해서 다른 위젯으로 감싸는 일이 많습니다. 다행히 안드로이드 스튜디오에서는 다른 위젯으로 감싸거나 벗기는 것을 쉽게 처리해주는 기능을 제공합니다.

7.6.1 현재 위젯을 벗겨내거나 다른 위젯으로 감싸기

다른 위젯으로 감싸고 싶은 위젯 코드 앞에 커서를 두고 Alt+Enter를 누릅니다. Wrap with XXX 형태로 메뉴가 표시되는데 XXX 위젯으로 감싸는 메뉴입니다. Center, Column,

Container, Padding, Row, StreamBuilder로 감싸는 메뉴가 별도로 있고, 그 밖의 위젯으로 감쌀 수 있습니다.

- **Wrap with XXX** : XXX 위젯으로 감쌉니다.
- **Wrap with widget...** : 메뉴에 없는 그 밖의 위젯으로 감쌉니다.
- **Remove this widget** : 현재 위젯을 벗깁니다.

▶ 단축키를 사용할 위젯 코드에 커서를 두고 Alt+Enter

예를 들어 다음 코드에서 Center 글자 위에 커서를 두고 Alt+Enter를 눌러 표시된 메뉴에서 'Remove this widget'을 선택하면 Center 위젯이 벗겨집니다.

```
// 벗기기 전
Center(
  child: Text(
    '내 정보',
    style: TextStyle(fontSize: 40),
  ),
);

// 벗긴 후
Text(
  '내 정보',
  style: TextStyle(fontSize: 40),
);
```

반대로 벗겨진 코드에서 Text에 커서를 두고 Alt+Enter를 눌러 표시된 메뉴에서 'Wrap with Center'를 선택하면 원래대로 Center로 감쌀 수 있습니다.

현재 위젯을 Center 또는 Padding으로 감싸거나 Column 또는 Row의 자식으로 만들고 싶을 때 이 기능을 활용하면 쉽게 코드를 변경할 수 있습니다.

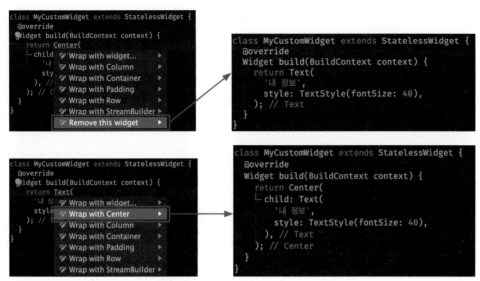

▶ 단축 기능을 활용하면 코드 작성이 편해집니다.

7.6.2 코드 정렬

특히 플러터에서는 코드를 작성할 때 들여쓰기에 신경 쓰지 않으면 금방 정신없는 코드가 되기 쉽습니다. 그렇다고 매번 들여쓰기에 신경을 쓰면서 코딩하는 것도 굉장히 피곤한 일입니다.

안드로이드 스튜디오에서는 코드를 정렬하는 기능을 제공합니다. 이 기능을 사용하려면 모든 프로퍼티의 마지막에 콤마(,)를 찍는 것이 습관화되어 있는 것이 좋습니다. 예를 들어 Text 위젯을 작성할 때도 두 번째 예처럼 마지막 프로퍼티 설정 후 콤마를 찍습니다.

```
Text('hello', style: TextStyle(fontSize: 36))    // 추천 안 함

Text('hello', style: TextStyle(fontSize: 36),)   // 이 방법을 추천
```

그리고 안드로이드 스튜디오의 메뉴 중 'Code > Reformat Code'(Ctrl+Alt+L) 기능을 수행합니다. 마지막에 콤마를 찍은 경우에는 다음과 같이 코드의 들여쓰기 및 개행이 자동으로 적용됩니다.

```
// Reformat Code 적용 후

Text('hello', style: TextStyle(fontSize: 36))    // 그대로

Text(
  'hello',
  style: TextStyle(fontSize: 36),
)
```

코드를 작성하면서 틈틈이 'Code > Reformat Code'(Ctrl+Alt+L)를 실행하면 일관성 있는 코드를 유지할 수 있습니다.

7.7 스텝 5 : 상단 부분

여기서는 첫 번째 탭에 해당하는 **Page1**만 작성합니다. 먼저 화면 구성을 크게 세 부분으로 나눠서 작성할 겁니다. 한 번에 코드를 작성해도 되지만 나중에 코드가 복잡해지기 때문입니다.

Page1을 다음과 같이 수정합니다.

```
class Page1 extends StatelessWidget {
  @override
  Widget build(BuildContext context) {
    return Column(    ❹
      children: <Widget>[
        _buildTop(),
        _buildMiddle(),
        _buildBottom(),
      ],
    );
  }

  // 상단
  Widget _buildTop() {    ❶
    return Text('Top');
  }
}
```

```
    // 중단
    Widget _buildMiddle() {   ❷
      return Text('Middle');
    }


    // 하단
    Widget _buildBottom() {   ❸
      return Text('Bottom');
    }
  }
```

❶ 상단, ❷ 중단, ❸ 하단 부분을 각각 메서드로 분리했습니다. 그리고 Page1의 build() 메서드에는 ❹ Column으로 세 영역을 배치했습니다.

이후의 작성 순서는 다음과 같습니다.

1. 메뉴 만들기
2. 메뉴를 한 줄에 4개 만들기
3. 메뉴 두 줄로 만들기
4. 메뉴 7개로 줄이기
5. 클릭 가능하게 하고 전체 여백 주기

7.7.1 메뉴 만들기

상단 부분에 2행 4열짜리 메뉴를 구성한다고 합시다. 각 메뉴는 다시 상단에는 이미지, 하단에는 글자를 표시하는 2행짜리 아이템입니다.

그럼 먼저 메뉴 하나를 작성하기 위해 _buildTop() 메서드를 다음과 같이 수정합니다. Column 위젯 안에 택시 아이콘과 글자를 수직으로 배치했습니다.

```
Widget _buildTop() {
  return Column(
    children: <Widget>[
      Icon(
        Icons.local_taxi,
        size: 40,
      ),
      Text('택시'),
```

```
    ],
  );
}
```

▶ **Column**으로 아이콘과 글자를 배치하여 메뉴 형태를 작성합니다.

아이콘 대신 `Image.assets()`나 `Image.network()` 등을 활용하여 원하는 이미지를 표시할 수 도 있습니다. 이러한 것이 한 줄에 4개 필요합니다.

7.7.2 메뉴를 한 줄에 4개 만들기

Column을 Row로 감싸고(Column에 커서를 놓고 단축키 Alt+Enter를 누른 후 'Wrap with Row' 기능 활용) Column을 복사&붙여넣기로 3개 더 나열하여 다음과 같은 형태가 되도록 합 니다. Text는 적당한 값으로 수정합니다.

```
Widget _buildTop() {
  return Row(
    mainAxisAlignment: MainAxisAlignment.spaceEvenly,   ❶
    children: <Widget>[
      Column(...생략...),
      Column(...생략...),
      Column(...생략...),
      Column(...생략...),
```

```
    ],
  );
}
```

Row는 기본적으로 아이템을 왼쪽부터 배치합니다. 가로를 꽉 채우면서 적당한 간격을 유지하기 위해 mainAxisAlignment 프로퍼티에 위젯 사이의 공간을 동일한 비율로 정렬하는 의미의 ❶ spaceEvenly를 설정했습니다. space로 시작하는 다른 옵션도 있으니 시험해보기 바랍니다.

▶ spaceEvenly 적용 전과 후 비교

7.7.3 메뉴 두 줄로 만들기

총 7개의 메뉴 중 4개를 한 줄에 구성했습니다. 3개의 메뉴를 더 구성하기 위해 이러한 코드가 한 줄 더 있어야 합니다. 먼저 첫 번째 줄을 그대로 두 번째 줄에 복사해 넣겠습니다.

작성한 ❶ 첫 번째 줄 Row 위젯을 다시 ❷ Column 위젯으로 감싸고(Alt+Enter 후 'Wrap with Column') ❶ Row 전체를 복사해서 ❸ 아래쪽에 붙여넣습니다.

```
Widget _buildTop() {
  return Column(    ❷
    children: <Widget>[
      Row(...생략...),    // 이것을 복사   ❶
      SizedBox(          // 20만큼의 여백을 표현   ❹
```

```
        height: 20,
      ),
      Row(...생략...),    // 여기에 붙여넣기  ❸
    ],
  );
}
```

중간에 여백을 주려고 ❹ SizedBox를 사용했습니다. SizedBox는 다른 위젯을 감싸서 크기를 설정할 수도 있지만 단독으로 사용하면 단순히 여백을 주는 용도로도 자주 사용됩니다. height 프로퍼티에 20을 주어 높이 20만큼 공간을 주었습니다.

▶ SizedBox를 활용하면 여백을 표현할 수 있습니다.

7.7.4 메뉴 7개로 줄이기

만약 메뉴가 7개라면 마지막 메뉴에 해당하는 코드를 지워야 할 겁니다. 그런데 마지막 메뉴 코드를 지우면 다음 왼쪽 그림과 같이 첫 번째 줄과 두 번째 줄의 모양이 어긋납니다. Opacity를 사용하여 단순히 마지막 메뉴를 안 보이게 하면 오른쪽 그림처럼 보기 좋게 됩니다.

마지막 메뉴 Column(두 번째 줄 Row의 마지막 Column)을 ❶ Opacity 위젯으로 감싸고 (Alt+Enter 후 'Wrap with widget…' 후 Opacity 작성) opacity 프로퍼티에 0.0을 지정합니다. opacity 값이 0.0이면 완전 투명, 1.0이면 완전 불투명을 의미합니다. 그러면 위젯이 공간은 차지하고 있으나 투명해져서 보이지 않게 됩니다.

```
Opacity(  ❶
  opacity: 0.0,    // 투명
  child: Column(   // 두 번째 Row의 마지막 Column
    children: <Widget>[
      Icon(
        Icons.local_taxi,
        size: 40,
      ),
      Text('대리'),
    ],
  ),
),
```

▶ Opacity로 감싸면 위젯을 숨길 수 있습니다.

7.7.5 클릭 가능하게 하고 전체 여백 주기

각 메뉴를 눌렀을 때 클릭이 되게 하려면 메뉴의 Column을 ❶ GestureDetector로 감싸고 onTap 프로퍼티를 정의합니다.

❷ 첫 번째 메뉴에 ❸ onTap 클릭 이벤트를 정의합니다. 클릭하면 콘솔에 '클릭'이란 글자를 출력하도록 했습니다. 다른 메뉴에도 동일하게 클릭 이벤트를 정의하면 됩니다.

```
GestureDetector(   ①
  onTap: () {   ③
    print('클릭');
  },
  child: Column(   ②
    children: <Widget>[
      Icon(
        Icons.local_taxi,
        size: 40,
      ),
      Text('택시'),
    ],
  ),
),
```

print() 함수로 출력한 결과는 안드로이드 스튜디오 하단의 Run 탭에 표시됩니다.

▶ 출력 결과 확인

GestureDetector 위젯은 클릭을 해도 버튼이 눌렸을 때와 같은 애니메이션 효과는 없습니다. 만약 시각적으로 클릭된 것을 표현하고 싶다면 InkWell 위젯을 사용하면 됩니다. InkWell 위젯은 클릭 시 물결 효과가 있으면서 기능적으로는 GestureDetector와 동일합니다.

마지막으로 상단 부분 전체의 ① 위쪽과 아래쪽에 패딩을 20씩 주어 여백을 조정합니다. ② 최상단 Column에서 Alt+Enter 후 'Wrap with Padding'을 선택하고 ① only() 메서드로 수정하여 top과 bottom에 20을 설정합니다. only() 메서드는 left, right, top, bottom 중 원하는 방향에만 패딩값을 설정할 수 있는 메서드입니다.

```
Widget _buildTop() {
  return Padding(
    padding: const EdgeInsets.only(top: 20, bottom: 20),    // 위, 아래 여백  ❶
    child: Column(  ❷
      children: <Widget>[
        Row(...생략...),
        SizedBox(
          height: 20,
        ),
        Row(...생략...),
      ],
    ),
  );
}
```

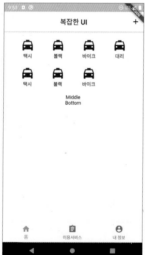

▶ 패딩으로 여백을 조정하기 전과 후

7.8 스텝 6 : 중단 부분

페이지의 중단 부분에는 좌우로 슬라이드되는 광고를 구성할 겁니다. PageView 위젯을 사용해도 되지만 carousel_slider 라이브러리를 사용하면 자동 스크롤 지원 기능 등이 지원되어 훨씬 유용하게 사용할 수 있습니다.

구현 순서는 다음과 같습니다.

1. carousel_slider 의존성 추가
2. 슬라이더 작성
3. '공사 중' 표시 끄기
4. 슬라이더를 입맛에 맞게 수정

7.8.1 carousel_slider 의존성 추가

다른 사람이 만들어둔 재활용 가능한 프로그램을 외부 라이브러리(이하 라이브러리)라고 하며 잘 만들어진 라이브러리를 사용하면 앱을 쉽게 개발할 수 있습니다.

화면을 좌우로 슬라이드하도록 만들 때 carousel_slider 라이브러리를 사용하면 PageView 위젯에 없는 자동 스크롤 같은 기능을 손쉽게 구현할 수 있습니다.

pub.dev 웹사이트에서 플러터 또는 다트의 다양한 라이브러리를 검색할 수 있습니다.

• pub.dev

❶ carousel_slider로 검색하면 여러 가지 라이브러리가 검색됩니다. 검색 결과 중에서 ❷ carousel_slider를 찾아서 클릭합니다. ❸ 옆에는 좋아요 수, 점수, 인기도 등이 표시되는데 되도록 많은 사람이 사용하는 라이브러리를 선택하면 됩니다.

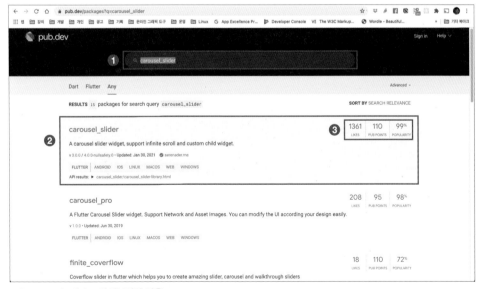

▶ carousel_slider 라이브러리 사용

❷ carousel_slider를 클릭하면 라이브러리 사용 방법 및 설정 방법을 보여주는 페이지로 이동합니다. Installing에는 라이브러리 설정 방법, Readme 또는 Example에는 사용 방법이 설명되어 있습니다.

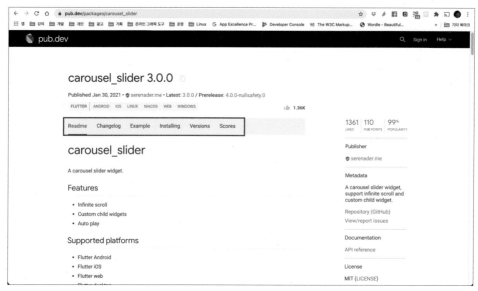

▶ carousel_slider 설명 페이지

❹ 프로젝트의 pubspec.yaml 파일을 열고 dependencies: 항목을 찾아서 그 아래에 다음 내용을 추가합니다. 주의할 점은 dependencies: 항목에 내용을 추가할 때는 반드시 2칸 들여쓰기 해야 합니다. 들여쓰기 하지 않으면 에러가 발생합니다.

```
dependencies:
  carousel_slider: ^3.0.0
```

추가한 라이브러리를 적용하려면 ❺ 터미널에서 `flutter pub get` 명령을 실행해야 합니다.

안드로이드 스튜디오에서는 이 명령을 쉽게 실행할 수 있습니다. 안드로이드 스튜디오에서 pubspec.yaml 파일을 열었을 때 우측 상단에 보이는 ❻ Pub get 링크를 클릭하면 이 명령을 실행할 수 있습니다.

▲ Flutter commands ❻ Pub get | Pub upgrade | Pub outdated | Flutter doctor

▶ IDE에서는 라이브러리를 가져오는 명령을 실행해주는 기능을 제공합니다.

이제 프로젝트에 라이브러리가 다운로드되어 사용할 수 있게 되며 이러한 과정을 의존성 추가라고 합니다.

7.8.2 슬라이더 작성

의존성 추가를 했다면 Readme 탭에 있는 내용을 토대로 바로 사용합시다.

❶ 라이브러리 패키지를 임포트하고 pub.dev 웹사이트의 carousel_slider 페이지의 Readme 탭에서 제공하는 예제 코드를 _buildMiddle() 메서드에 ❷ 복사&붙여넣기합니다.

```
import 'package:carousel_slider/carousel_slider.dart';  ❶

...생략...

Widget _buildMiddle() {
  return CarouselSlider(  ❷
  options: CarouselOptions(
    height: 400.0,   // 높이 400
  ),
    items: [1,2,3,4,5].map((i) {   // 다섯 페이지   ❸
      return Builder(  ❺
        builder: (BuildContext context) {   // context를 사용하고자 할 때   ❻
          return Container(
            width: MediaQuery.of(context).size.width,   // 기기의 가로 길이   ❹
            margin: EdgeInsets.symmetric(horizontal: 5.0),   // 좌우 여백 5   ❼
            decoration: BoxDecoration(
              color: Colors.amber   // 배경색
            ),
            child: Text('text $i', style: TextStyle(fontSize: 16.0),)
        );
      },
    );
  }).toList(),
  );
}
```

이 예제 코드는 다섯 페이지를 슬라이더합니다. ❸ map() 함수는 리스트의 요소를 다른 요소로 변경시킵니다. 1~5까지 값이 반복되며 하나씩 슬라이더에 들어갈 화면으로 변경됩니다.

❹ MediaQuery 클래스는 기기의 정보를 얻는 클래스인데 사용하려면 BuildContext의 인스턴스를 of() 메서드에 인수로 전달해야 합니다. 이런 경우 ❺ Builder 클래스를 사용하면 ❻ BuildContext 인스턴스를 제공할 수 있습니다(참고로 StatefulWidget에서는 context 프로퍼티로 BuildContext 인스턴스를 얻을 수 있습니다). Container 위젯의 ❼ margin 프로퍼티의 EdgeInsets.symmetric(horizontal: 5.0)은 좌우에 여백을 5만큼 설정합니다.

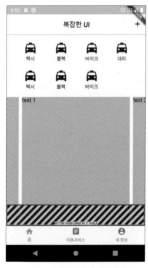

▶ 크기를 넘어서면 '공사 중'이 표시됩니다.

앱을 실행하면 좌우로 슬라이드되는 형태가 표시됩니다. 하지만 '공사 중'임을 알려주는 UI가 표시됩니다. 하단에 'BOTTOM OVERFLOWED BY 51 PIXELS'라는 메시지가 보이네요. 화면 크기보다 51픽셀 더 크다는 뜻입니다. '공사 중' 표시는 UI를 만들다 보면 매우 자주 만나게 되므로 당황하지 말고 대처 방법을 잘 알아봅시다.

7.8.3 공사 중 표시 끄기

Page1 클래스는 UI를 아래로 순서대로 배치해야 하기 때문에 Column 위젯으로 시작했습니다. 하지만 Column 위젯이나 Row 위젯은 화면 크기를 벗어나는 UI는 작성할 수 없습니다. 최대 크기는 기기 크기 만큼이며 화면 크기를 벗어나게 되면 지금처럼 '공사 중'이 표시됩니다. 그래서 스크롤이 필요하면 Column의 경우에 ListView로 변경해 스크롤이 되는 화면으로 바꿀 수 있습니다. 그 밖에도 기존 Column을 SingleChildScrollView로 감싸는 방법이 있지만 필자의 경험으로는 그냥 ListView로 변경하는 것이 가장 편합니다.

Page1 클래스의 build() 메서드를 구성하는 최상단 ❶ Column을 ListView로 변경하면 스크롤 가능한 화면이 되며 '공사 중' 표시가 없어집니다.

```
class Page1 extends StatelessWidget {
  @override
  Widget build(BuildContext context) {
    return ListView(    // Column을 ListView로 변경하면 상하 스크롤이 생김    ❶
      children: <Widget>[
        _buildTop(),
        _buildMiddle(),
        _buildBottom(),
      ],
    );
  }
  …생략…
}
```

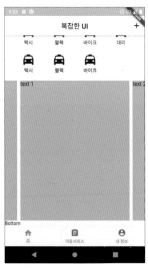

▶ Column을 ListView로 변경하여 '공사 중'을 제거합니다.

7.8.4 슬라이더를 입맛에 맞게 수정

슬라이더에 표시할 이미지를 3장 준비하여 import 문과 main() 메서드 사이에 ❶ dummyItems 리스트를 작성합니다. 필자는 인터넷에서 적당한 이미지를 찾았습니다.

```
import ...생략...

final dummyItems = [      ❶
  'https://cdn.pixabay.com/photo/2018/11/12/18/44/thanksgiving-3811492_1280.jpg',
  'https://cdn.pixabay.com/photo/2019/10/30/15/33/tajikistan-4589831_1280.jpg',
  'https://cdn.pixabay.com/photo/2019/11/25/16/15/safari-4652364_1280.jpg',
];

void main() => runApp(MyApp());
```

Page1의 _buildMiddle() 메서드를 다음과 같이 수정합니다.

```
Widget _buildMiddle() {
  return CarouselSlider(
  options: CarouselOptions(
    height: 150,     ❶
    autoPlay: true,      ❷
  ),
    items: dummyItems.map((url) {
      return Builder(
        builder: (BuildContext context) {
          return Container(
            width: MediaQuery.of(context).size.width,
            margin: EdgeInsets.symmetric(horizontal: 5.0),
            child: ClipRRect(      ❸
              borderRadius: BorderRadius.circular(8.0),      ❹
              child: Image.network(      ❺
                url,
                fit: BoxFit.cover,      ❻
              ),
            ),
          );
        },
      );
```

```
    }).toList(),
  );
}
```

dummyItems 값을 기반으로 모서리가 둥근 사진으로 수정했습니다. ❶ height를 150으로 변경하여 높이를 줄였습니다. ❷ autoPlay 프로퍼티를 true로 설정하면 슬라이더가 자동으로 넘어갑니다.

❸ ClipRRect는 child를 둥근 사각형으로 자르는 위젯입니다. ❹ borderRadius 프로퍼티는 모서리를 얼마나 둥글게 할지 설정합니다. ❺ child에는 인터넷상의 이미지를 Image.network()로 표시하고 이는 ClipRRect 위젯에 의해 모서리가 둥글게 잘리게 됩니다. ❻ fit 프로퍼티에 BoxFit.cover를 설정하여 화면에 여백이 남지 않도록 했습니다.

▶ 내용을 고치고 자동 슬라이드되도록 수정합니다.

실제로는 배너 광고 같은 것을 표시하고 GestureDetector 위젯으로 감싸서 클릭 이벤트를 주면 클릭 시 다른 페이지로 이동하게 할 수 있습니다.

7.9 스텝 7 : 하단 부분

하단에는 공지사항 같은 느낌으로 글 목록을 표시할 겁니다. ListView 위젯과 ListTile 위젯을 활용하면 간단히 구현할 수 있습니다.

_buildBottom() 메서드를 다음과 같이 수정합니다.

```
Widget _buildBottom() {
  final items = List.generate(10, (i) {    ❶
    return ListTile(
      leading: Icon(Icons.notifications_none),
      title: Text('[이벤트] 이것은 공지사항입니다'),
    );
  });

  return ListView(
    physics: NeverScrollableScrollPhysics(),   // 이 리스트의 스크롤 동작 금지   ❹
    shrinkWrap: true,   // 이 리스트가 다른 스크롤 객체 안에 있다면 true로 설정해야 함   ❸
    children: items,   ❷
  );
}
```

❶ List.generate() 함수는 0부터 9까지의 수(10개)를 생성하여 두 번째 인수의 함수에 i 매개변수로 전달합니다. i 값을 전달받아 ListTile 위젯 형태로 변환하여 그것들의 리스트가 반환됩니다.

이렇게 임시글 10개를 작성한 후 ListView 위젯의 ❷ children 프로퍼티에 설정했습니다. 평소라면 children 프로퍼티만 설정하면 됩니다. 하지만 이 예제처럼 스크롤 가능한 객체 안에 다시 스크롤 객체를 넣는 경우(ListView 위젯 안에 ListView 위젯이 들어간 상황)에는 ❸ shrinkWrap 프로퍼티를 true로 설정해줘야 합니다.

이 상태로 실행하면 하단 부분에서는 스크롤 동작이 안 되는 현상이 발생합니다. 이는 스크롤 안에 스크롤을 넣은 경우로 안쪽 스크롤을 막아서 정상 동작이 되도록 ❹ physics 프로퍼티에 NeverScrollableScrollPhysics 클래스의 인스턴스를 설정했습니다. 이것으로 이 리스트는 스크롤 기능이 정지되어 바깥쪽 스크롤이 정상적으로 동작하게 됩니다.

▶ 스크롤 안에 스크롤 객체를 넣을 때는 shrinkWrap과 physics 프로퍼티를 정의하는 것에 유의하세요.

지금까지 약간 복잡한 화면 디자인을 순서대로 실행해보았습니다.

7.10 마치며

이 장에서는 플러터 코드 작성시 필요한 요령과 팁을 배웠습니다.

- 하단 탭은 BottomNavigationBar 위젯을 사용합니다.
- Opacity 위젯을 사용하면 레이아웃을 유지하면서 특정 요소를 안 보이게 할 수 있습니다.
- 안드로이드 스튜디오에서는 위젯을 다른 위젯으로 안전하고 손쉽게 감싸거나 벗기는 기능을 제공합니다.
- pub.dev 웹사이트에서 플러터용 라이브러리를 검색할 수 있습니다.
- 다양한 기기에 대응하는 앱을 만들려면 Column 위젯보다 ListView 위젯 사용을 고려합니다.
- 다른 스크롤 객체 안에 ListView 위젯을 넣을 땐 shrinkWrap과 physics 프로퍼티를 정의합니다.

8장 플러터 2 변경점

8.1 널 안전성

다트 2.12.0 버전부터 지원되는 널 안전성에 대해 알아봅시다. 널 안전성Null Safety은 다트 2.12.0 및 플러터 2부터 공식 지원됩니다.

8.1.1 널 안전이란?

널Null이 안전하다는 것은 무엇을 의미하는 것일까요? 다음 코드를 봅시다. len() 메서드는 문자열을 매개변수로 받도록 되어 있습니다. 3이라는 값이 출력됩니다.

```
String name = '홍길동';
print(len(name));    // 3
...
int len(String str) => str.length;
```

개발자는 실수로 len() 함수에 널을 전달할 수도 있습니다. 이 코드를 작성 중에는 무엇이 잘못된 것인지 인지하기 어렵습니다. 하지만 막상 실행해보면 에러가 발생합니다.

```
String name = null;
print(len(name));    // 3
...
int len(String str) => str.length;
```

널을 허용할지 말지를 컴파일 단계에서 결정할 수 있다면(코드 작성 중 IDE가 에러를 알려주면) 애초에 실수할 가능성이 줄어듭니다.

https://dartpad.dev에는 널 안전성(Null Safety) 기능을 켜고 끌 수 있는 옵션이 있어 널 안전성을 사전에 경험해 볼 수 있습니다.

8.1.2 널에 안전한 코드

https://dartpad.dev에서 널 안전성 기능을 활성화하고 다음 코드를 작성하면 에러가 발생합니다. 하지만 우리가 작성하고 있던 플러터 프로젝트에서는 해당 코드에서 에러가 발생하지 않습니다.

```
int i = null;    // error
```

널 안전성을 도입하면 해당 변수 타입이 널을 허용하는지 아닌지를 정확하게 대입해야 합니다. 그렇다면 널을 대입하기 위해 어떻게 해야 할까요? 타입 옆에 ?를 붙이기만 하면 됩니다.

```
int? i = null;    // OK
```

따라서 ?가 붙어있지 않은 타입은 널을 대입할 수 없게 됩니다.

8.1.3 타입 시스템의 변화

기존의 다트는 모든 타입이 널을 허용했습니다. 하지만 널 안전성을 도입하게 되면서 널을 허용하지 않는 타입과 널을 허용하는 타입으로 구분할 수 있습니다.

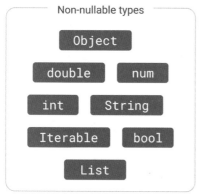

출처: https://dart.dev/null—safety/understanding—null—safety

기존에는 모든 타입에 널이 대입될 수 있었고, 널 타입은 최하위 타입이었습니다(다트에는 널을 표현하는 Null 클래스가 있습니다). 그리고 모든 타입은 Object 타입 기반이었습니다.

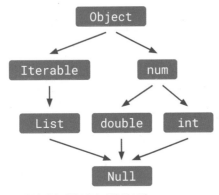

▶ 널 안전성 적용 전의 타입 시스템

널 안전성이 적용되면 기존 타입에 널이 대입될 수 없으므로, 널 타입은 이제 어떠한 타입과도 관계없는 별도 타입으로 취급됩니다.

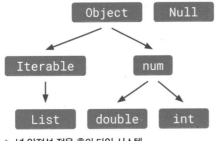

▶ 널 안전성 적용 후의 타입 시스템

널을 허용하는 타입의 경우 해당 타입과 널을 모두 대입할 수 있으므로 다음과 같은 상속관계로 표현할 수 있습니다.

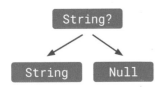

▶ 널을 허용하는 타입과 널의 관계

그렇다면 원래 다트의 최상위 객체로 취급되는 Object는 어떻게 표현될까요? String의 경우와 마찬가지로 Object?가 새로운 최상위 객체 타입이 됩니다.

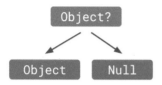

▶ **Object? – 널 안전성 적용 후 최상위 객체**

또한 널을 허용하지 않는 타입에서는 기존에 널이 자리했던 최하위 객체에 어떤 값도 담을 수 없는 Never라는 특수한 타입이 추가됩니다.

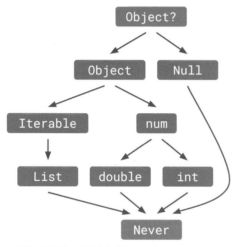

▶ **널을 허용하는 타입에서의 상속관계**

결론적으로 널 안전성이 도입되면 String과 String?는 다른 타입으로 취급됩니다.

널을 잘못 참조하는 일은 개발하면서 가장 흔히 발생하는 실수 중 하나입니다.

이런 실수를 줄이기 위해 특별한 이유가 없다면 널을 허용하지 않는 방향으로 코딩하는 것을 권장합니다. 널 안전성은 실행 전 오류를 알려주기 때문에 실수로 널 조작하는 것을 방지합니다. 널 참조를 잘못하여 발생하는 에러가 굉장히 많은데 널 안전성을 통해 많은 에러를 예방할 수 있습니다.

8.1.4 널에 안전한 코드 작성

널 안전성 적용 시 주로 만나게 되는 몇 가지 에러를 예시를 통해 설명하겠습니다.

늦은 초기화

다음 코드는 기존에는 전혀 문제없던 클래스를 생성하는 방식 중 하나입니다. 이 코드는 널 안전성을 적용했을 때 문법적으로 에러가 발생합니다.

```
class Person {
  int age;   // 선언시 null, error

  Person() {
    age = 20;    // 생성자에서 초기화
  }
}
```

int 타입은 널을 허용하지 않기 때문에 age를 선언하면서 에러가 발생합니다. 이 코드를 안전하게 널에 작성하려면 late 키워드를 선언 앞에 붙이면 됩니다.

late 키워드는 늦게 초기화가 된다는 것을 명시하는 키워드입니다.

```
class Person {
  late int age;

  Person() {
    age = 20;    // 생성자에서 초기화 OK
  }
}
```

널로 사용되지 않는 변수지만 조금 늦게 값을 할당하고 싶은 경우에 사용합니다. 지연된 초기화로 값이 할당된 이후 다시 널로 할당할 수 없습니다.

널일 수 있는 값을 처리하는 방법

앞의 설명에서 특별한 이유가 없다면 널을 허용하지 않는 타입을 사용하는 것이 에러를 줄일 수 있는 방법이라고 언급했습니다. 그러나 개발을 하다 보면 종종 널을 허용하는 타입을 사용할 수밖에 없습니다.

그런 경우 ??를 사용하면 널을 허용하지 않는 타입으로 변환할 수 있습니다.

```
int value = nullableValue ?? 0      // nullableValue가 null이면 0을, 아니면 그 값
```

그리고 널을 허용하는 타입을 매개변수로 사용하는 메서드가 있다면 명확히 타입을 정의해 줘야 합니다. 널 체크는 확실히 해야 하니 주의해 주세요!

```
int len(String? str) {
  if (str == null) {
    return 0;
  }
  return str.length;
}
```

또한 널일 수 있는 변수에 널이 아닌 값이 들어있는 경우 이것을 널이 아닌 타입으로 사용하고 싶을 때, !를 붙이면 강제로 널이 아님을 명시하게 됩니다.

```
int? nullableValue = 10;
int value = nullableValue!;      // !를 붙이면 null이 아님을 명시하여 형 변환이 됨
```

만약 위 코드에서 nullableValue가 널이면 예외 발생으로 프로그램은 종료됩니다. 이런 코드는 컴파일 타임에 에러가 발생하지 않기 때문에 !는 사용하지 않는 것을 권장합니다. !보다는 ??를 활용하는 것을 우선 생각해 보세요.

널을 처리하는 또 다른 형태로 널이 아닐 때만 참조하도록 하는 ?. 활용 방법이 있습니다. 메서드를 호출할 때, .보다 ?.를 사용하면 별도의 널 체크 없이 안전하게 메서드를 호출할 수 있습니다.

```
int? nullableValue = 10;
print(nullableValue?.toString());    // 10 출력
```

물론 다음과 같이 널이 출력되는 이상한 상황이 생길 수 있는데, 앱이 종료되는 불상사는 막을 수 있으니 적절한 널 처리만 추가로 해주면 됩니다.

```
int? nullableValue = null;
print(nullableValue?.toString());    // null 출력
```

컬렉션을 다룰 때에도 명확히 타입을 명시해 줄 필요가 있습니다. 이제는 다음과 같이 명확하게 컬렉션 타입을 선언해 줘야 합니다.

```
List<String>
List<String>?
List<String?>
List<String?>?
```

8.1.5 널 안전성 적용 시 장점

널 안전성을 적용했을 때의 장점은 위에서 본 것 외에도 다음과 같은 부분이 있습니다.

- 널을 허용하지 않는 변수는 널이 아님을 100% 보장한다.
- (따라서) 개발자의 실수를 미연에 방지할 수 있다.
- 항상 예측이 가능한 코딩을 할 수 있다.
- 컴파일러가 변수의 널 검사를 진행하지 않아도 되기 때문에 컴파일 속도가 대폭 향상된다.

8.1.6 널 안전성 적용 시 주의점

널 안전성은 좋아 보이지만 적용 시 다음과 같은 주의가 필요합니다.

- 사용 중인 외부 라이브러리도 모두 널 안전성을 지원해야 한다.
- ?, !, ?., late 등의 새로운 연산자나 키워드는 초보자에게 어렵게 느껴질 수 있다.
- 사용 중인 프로젝트에 갑자기 컴파일 에러가 발생할 수 있고, 이를 수정하기 위한 추가 작업이 필요하다.

8.1.7 널 안전성 수동으로 적용하기

자, 그럼 이제부터 프로젝트에 널 안전성을 적용해보겠습니다. 새로운 프로젝트 생성 시 자동으로 만들어지는 카운터 앱에서 진행해봅시다.

프로젝트를 생성하면 기본적으로 널이 허용됩니다.

pubspec.yaml 파일을 열어보면 다음과 같은 부분을 찾을 수 있습니다. 이 부분은 다트 버전을 명시하는 부분으로 2.7.0 버전부터 사용할 수 있는 것을 확인할 수 있네요.

```
environment:
  sdk: ">=2.7.0 <3.0.0"
```

다음과 같이 널 안전성을 지원하는 2.12.0 버전을 최소 버전으로 수정하고 Pub get을 실행하면 이제부터 프로젝트가 널 안전성을 지원하게 됩니다.

```
environment:
  sdk: ">=2.12.0 <3.0.0"
```

널 안전성이 지원되면서 모호한 타입의 모든 부분에 에러가 발생하게 됩니다. 이런 부분을 수동으로 고쳐주어야 합니다.

```
class MyHomePage extends StatefulWidget {
  MyHomePage({Key key, this.title}) : super(key: key);
```

▶ 널인지 아닌지 모호한 부분은 모두 컴파일 에러 발생

프로젝트가 클수록 할 일이 많아지겠네요.

8.1.8 널 안전성 마이그레이션

다행히도 구글에서 널 안전성을 변경하고자 할 때 도움을 주는 마이그레이션 도구를 제공합니다. 마이그레이션 도구는 코드 수정이 필요한 부분을 찾아, 그 이유와 함께 수정을 제안하기 때문에 보다 안전하게 널 안전성을 지원하도록 도와줍니다.

먼저 마이그레이션 도구를 사용하기 전에 컴파일이 되도록 다트 버전을 원래대로 2.7.0으로 돌려놓고 Pub get을 수행합니다.

다음으로 안드로이드 스튜디오의 하단 터미널에 커맨드 명령어로 dart migrate를 입력합니다.

▶ 터미널에 명령어 입력

프로젝트 분석 후 다음과 같은 메시지가 표시되는데 중간에 링크 하나가 표시됩니다. 링크를 클릭하면 널 안전성 적용 시 코드가 어떻게 변경되는지를 분석해서 보여주는 웹페이지가 열립니다.

```
> dart migrate
Migrating /Users/junsuk/dev/tmp/flutter2_app

See https://dart.dev/go/null-safety-migration for a migration guide.

Analyzing project...
[————————————————————————————————————————————————\]
No analysis issues found.

Generating migration suggestions...
[————————————————————————————————————————————————]

Compiling instrumentation information...
[————————————————————————————————————————————————]

View the migration suggestions by visiting:

  http://127.0.0.1:63277/Users/junsuk/dev/tmp/flutter2_app?authToken=mxLsUv4jkkQ%3D

Use this interactive web view to review, improve, or apply the results.
When finished with the preview, hit ctrl-c to terminate this process.
```

잠시 후 자동으로 기존 프로젝트를 널 안전성이 도입된 코드로 변환해 줍니다. 링크가 하나 표시되는데 이 링크를 클릭하면 어떤 파일에 몇 가지 변경 사항이 있는지 그 내용이 무엇인지를 미리 보여줍니다.

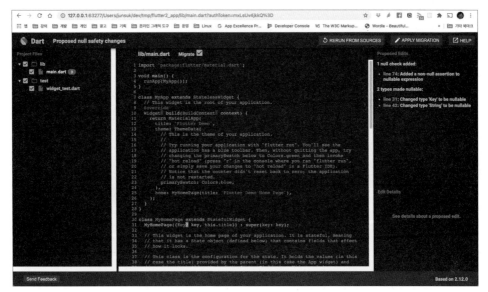

▶ 다트 마이그레이션 도구를 실행한 화면

여기에서 최종적으로 변경할 파일을 결정하고 적용할 수 있습니다. 좌측을 보면 검토가 필요한 파일에 숫자가 표시되어 있습니다. main.dart 파일에는 3이 표시되어 있네요. 이 파일을 클릭합니다.

▶ 수정이 필요한 파일

오른쪽에 줄 번호와 함께 제안 사항이 표시됩니다.

▶ 제안 사항

31번 줄과 42번 줄 내용을 먼저 검토해봅시다. 마이그레이션 도구는 Key와 title 문자열에 널을 허용하도록 제안하고 있습니다.

```
30 class MyHomePage extends StatefulWidget {
31   MyHomePage({Key? key, this.title}) : super(key: key);
32
33   // This widget is the home page of your application. It
34   // that it has a State object (defined below) that cont
35   // how it looks.
36
37   // This class is the configuration for the state. It ho
38   // case the title) provided by the parent (in this case
39   // used by the build method of the State. Fields in a W
40   // always marked "final".
41
42   final String? title;
```

▶ 31번, 42번 줄 제안 내용

74번 줄 내용도 확인해 봅시다. title 문자열이 널을 허용하게 되면 Text 위젯에 널 값을 넣을 수 없으므로 널이 아닌 값임을 보증해야 합니다. 마이그레이션 도구는 ! 연산자를 제안하고 있습니다.

```
70      return Scaffold(
71        appBar: AppBar(
72          // Here we take the value fr
73          // the App.build method, and
74          title: Text(widget.title!),
75        ),
```

▶ 74번 줄 제안 내용

상단의 'APPLY MIGRATION' 버튼을 클릭하면 마이그레이션 도구가 제안한 대로 바로 적용되지만 반대로 내가 원하는 형태로 제안할 수도 있습니다. 제가 볼 때에는 예제에 title이 반드시 필요한 속성으로 취급되는 것이 더 좋은 것 같습니다. 제 의도를 적용시켜 보겠습니다.

74번 줄의 참조하는 title 변수는 42번 줄에서 선언되어 있습니다. 저는 이 값이 String?가 아닌 String이었으면 합니다. 그래서 42번 줄을 클릭하고 우측 하단에 표시되는 추가적인 액션 중 'Add /*!*/ hint' 버튼을 클릭합니다. 그러면 String/*!*/?처럼 주석이 추가됩니다. 마이그레이션 도구는, /*!*/는 널이 아님을 /*?*/는 널 허용을 제안하는 것으로 인식하여 반영해 줍니다. IDE에서 직접 입력해도 됩니다.

```
39    // used by the build method of the State. Fields in a Wid
40    // always marked "final".
41
42    final String/*!*/? title;
43
44    @override
```
```
Nullability reason:

MyHomePage.title (main.dart:42):
MyHomePage.title (main.dart:42:9)
[Add /*?*/ hint] [Add /*!*/ hint]
```

▶ 널 아님 보증을 원하는 곳에 /*!*/ 추가

상단의 'RERUN WITH CHANGES' 버튼을 클릭하면 방금 추가한 주석이 반영되어 다시 분석을 시작합니다.

잠시 후 반영된 코드가 표시되는데 42번 줄의 ?가 제거되었고, 32번 줄에는 required 키워드가 추가되었습니다. required는 필수 프로퍼티를 지정할 때 사용합니다. 이제 title은 반드시 설정해야 하는 프로퍼티이므로 널일 수 없습니다.

```
30 class MyHomePage extends StatefulWidget {
31   MyHomePage({Key? key, required this.title})
32
33   // This widget is the home page of your appl
34   // that it has a State object (defined below
35   // how it looks.
36
37   // This class is the configuration for the s
38   // case the title) provided by the parent (i
39   // used by the build method of the State. Fi
40   // always marked "final".
41
42 | final String/*!*/ title;
43
```

▶ 수정 반영된 코드

74번 줄의 !가 제거되어 코드가 훨씬 안전해졌습니다. !는 널이 아님을 강제로 보증하는 것으로 가급적 사용하지 않는 것이 잘못된 널 참조를 막을 수 있는 방법입니다.

```
70      return Scaffold(
71        appBar: AppBar(
72          // Here we take the value fr
73          // the App.build method, and
74          title: Text(widget.title!),
75        ),
```

▶ 74번 줄의 ! 제거

여기까지 다트 마이그레이션 도구를 사용한 널 안전성 적용 방법을 살펴보았습니다. 분명한 것은 널 안전성 도입은 어렵지 않으며 약간의 시간만 투자하면 적용할 수 있다는 것입니다.

여러분도 널 안전성을 도입하여 보다 안전하고, 작고 빠른 앱을 만들 수 있길 기대합니다.

8.2 지원 기기 확대

플러터 2로 업데이트되면서 기존의 안드로이드, iOS뿐만 아니라 웹이 공식적으로 지원됩니다. 또한 데스크톱(윈도우, 맥OS, 리눅스)을 베타[Beta]로 지원하게 되면서 진정한 의미의 멀티 플랫폼 개발 프레임워크가 되었습니다.

8.2.1 웹(Web)으로 실행

앱 실행 시 크롬^{Chrome}을 선택하면 됩니다. 어떠한 추가적인 코드도 필요 없습니다.

▶ 앱 실행 시 크롬 선택

8.2.2 데스크톱으로 실행

데스크톱 실행은 아직 베타버전이므로 관심 있는 독자는 아래 링크를 참고하길 바랍니다.

https://flutter.dev/desktop

8.3 마치며

플러터가 널 안전성을 지원하면서 보다 빠르고 안전한 코드를 작성할 수 있게 되었습니다. 또한 플러터 2가 발표되면서 진정한 의미의 멀티 플랫폼 개발 프레임워크로 거듭나고 있습니다. 앞으로 데스크톱이 공식 버전으로 지원되는 것도 큰 기대가 됩니다.

이제 플러터에 대한 기초적인 부분을 배웠으니 다음 단계로의 전진을 위해 도움 될 만한 책과 웹사이트 및 강의를 소개합니다.

📖 **처음 배우는 플러터(한빛미디어)** : 이 책에서 다루지 못한 동적 route 활용, HTTP/JSON 프로그래밍, 안드로이드 채널 프로그래밍, 테스트를 다루고 있습니다.

📑 **상태 관리 관련 내용** : flutter.dev/docs/development/data-and-backend/state-mgmt

💻 **오준석의 생존코딩(survivalcoding.com)** : 플러터 관련 온라인 유료 강의

💻 **인프런(inflearn.com)** : 플러터 관련 온란인 유료 강의

▶ **유튜브 채널(오준석의 생존코딩)** : youtube.com/c/안드로이드생존코딩

▶ **유튜브 채널(Flutter)** : flutter.dev/youtube (매주 다양한 위젯 소개 등의 유용한 내용
이 업로드됩니다.)

2부
플러터로 앱 개발하기

2부에서 다루는 내용

2부에서는 3가지 앱을 만들어보며 플러터로 앱을 개발하는 방법을 알아봅니다.

9장 : 비만도 계산기

키와 몸무게를 입력하면 비만도를 표시해주는 앱을 만듭니다. 플러터로 UI와 프로그래밍을 함께 다루는 첫 장입니다. 화면 전환을 하고, 데이터를 전달하고, 계산하여 결과를 도출하는 방법을 배웁니다.

10장 : 스톱워치

스톱워치 앱을 만듭니다. 일정 주기로 반복되는 동작을 어떻게 구현하는지 배웁니다. 버튼을 눌렀을 때 UI가 변경되는 다이내믹한 처리도 배웁니다.

11장 : 할 일 관리

기본적인 할 일 관리 앱을 작성하고, 서버 없이도 서버의 기능을 사용할 수 있는 파이어베이스 서비스를 활용하여 클라우드 DB에 저장하는 앱을 만드는 방법을 배웁니다.

9장 비만도 계산기

난이도	★☆☆
프로젝트명	chapter09
기능	– 키와 몸무게를 입력하고 결과 버튼을 누르면 다른 화면에서 비만도 결과를 문자와 그림으로 보여줍니다. – 마지막에 입력한 키와 몸무게는 자동으로 저장됩니다.
핵심 구성 요소	– TextFormField : 입력 양식이 올바른지 검사 기능이 포함된 글자를 입력받는 위젯 – Form : 회원 가입 폼 같은 입력 양식을 감싸는 위젯. 예외 처리 등이 편리합니다. – ElevatedButton : 일반 버튼 – Text : 결과 표시용 위젯 – Icon : 결과와 함께 보여줄 아이콘 – Navigator : 화면 전환용 클래스

9.1 해법 요약

지금까지 플러터의 전반적인 기능을 배웠습니다. 이제 어느 정도 플러터 코드 작성에 익숙해졌다고 봐도 됩니다. 그럼 비교적 간단한 앱인 비만도 계산기를 만들어봅시다.

이 장에서 배우는 내용을 잘 활용한다면 회원 가입과 같은 입력 양식 폼을 플러터에서 어떻게 지원하는지 배울 수 있습니다.

앱에 대해 간단히 소개를 하자면 키와 몸무게를 입력받는 화면과 결과를 표시하는 화면이 필요합니다.

첫 번째 화면에서 키와 몸무게를 입력받습니다. 이때 키 또는 몸무게를 입력하지 않고 결과 버튼을 누르면 에러 메시지가 출력됩니다.

▶ 값을 입력하지 않으면 입력값을 검증하여 오류 메시지를 표시합니다.

키와 몸무게를 입력한 후 결과 버튼을 누르면 결과 화면이 표시됩니다. BMI^{Body Mess Index}(체질량지수) 계산 결과에 따라 세 가지 결과 중 하나가 표시됩니다.

▶ 세 가지 결과 중 하나가 표시됩니다.

구현 순서는 다음과 같습니다.

1. 준비하기 : 새로 등장하는 개념 학습
2. 스텝 1 : 기본 코드 준비
3. 스텝 2 : 키와 몸무게를 입력하는 화면 작성
4. 스텝 3 : 결과 화면 작성
5. 스텝 4 : 값 검증 및 화면 전환
6. 스텝 5 : 결과 표시

9.2 준비하기

이 장에서 새로 등장하는 몇 가지 기능을 먼저 알아보겠습니다. 각 기능은 다음과 같은 클래스를 활용합니다.

- **입력값 출력하기** : TextEditingController
- **폼의 입력값 검증하기** : Form, TextFormField

9.2.1 입력값 출력하기

사용자에게 값을 입력받을 때 사용하는 위젯이 TextField 위젯(또는 TextFormField 위젯. 이하 TextField)입니다. TextEditingController 클래스의 인스턴스를 통해서 TextField 위젯에 작성된 값을 얻을 수 있습니다. 다음은 TextEditingController 클래스를 사용하는 예입니다. 이 예제는 TextField 위젯이 2개 있고 입력값이 변하면 각각 로그를 출력합니다.

```dart
import 'package:flutter/material.dart';

void main() => runApp(MyApp());

class MyApp extends StatelessWidget {
  @override
  Widget build(BuildContext context) {
    return MaterialApp(
      title: 'Retrieve Text Input',
      home: MyCustomForm(),
    );
  }
}

class MyCustomForm extends StatefulWidget {
  @override
  _MyCustomFormState createState() => _MyCustomFormState();
}

class _MyCustomFormState extends State<MyCustomForm> {
  // TextField의 현잿값을 얻는 데 필요
  final myController = TextEditingController();    ❶

  @override
  void initState() {
    super.initState();

    // addListener로 상태를 모니터링할 수 있음
    myController.addListener(_printLatestValue);    ❹
  }
```

```
  @override
  void dispose() {
    // 화면이 종료될 때는 반드시 위젯 트리에서 컨트롤러를 해제해야 함
    myController.dispose();    ❷
    super.dispose();
  }

  _printLatestValue() {    ❺
    // 컨트롤러의 text 프로퍼티로 연결된 TextField에 입력된 값을 얻음
    print("두 번째 text field: ${myController.text}");
  }

  @override
  Widget build(BuildContext context) {
    return Scaffold(
      appBar: AppBar(
        title: Text('Text Input 연습'),
      ),
      body: Padding(
        padding: const EdgeInsets.all(16.0),
        child: Column(
          children: <Widget>[
            TextField(
              onChanged: (text) {    // 텍스트 변경 감지 이벤트    ❻
                print("첫 번째 text field: $text");
              },
            ),
            TextField(
              controller: myController,    // 컨트롤러를 지정    ❸
            ),
          ],
        ),
      ),
    );
  }
}
```

❶ TextField 위젯 수에 맞게 TextEditingController 클래스의 인스턴스(이하 컨트롤러)를 준비합니다.

❷ 컨트롤러는 화면이 종료될 때 dispose() 메서드로 반드시 해제해야 합니다.

❸ TextField 위젯에서는 controller 프로퍼티에 컨트롤러 변수를 설정합니다. 이렇게 하면 myController 컨트롤러 변수를 통해서 TextField 인스턴스의 값을 얻거나 변경된 값을 모니터링할 수 있습니다.

❹ TextField 위젯의 값이 변경될 때마다 무언가를 수행하고 싶다면 addListener() 메서드를 사용합니다. myController 컨트롤러 변수가 연결된 두 번째 TextField의 값이 변경될 때마다 _printLatestValue() 메서드가 실행됩니다.

❺ 컨트롤러가 연결된 TextField 위젯에 입력된 값은 컨트롤러의 text 프로퍼티를 통해 얻을 수 있습니다.

❻ TextField 위젯 자체의 값 변경을 모니터링하는 것은 onChanged 프로퍼티로도 간단히 구현됩니다.

9.2.2 폼의 입력값 검증하기

Form과 TextFormField를 사용하면 회원 가입처럼 사용자 입력값을 검증해야 할 때 유용합니다. 다음 코드는 버튼을 클릭하면 사용자가 입력한 값이 정해진 규칙에 맞는지 검사하는 예입니다.

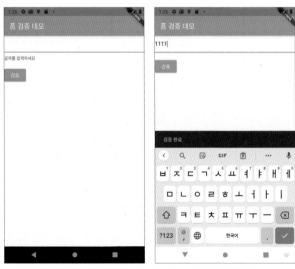

▶ 아무것도 입력하지 않으면 검증 에러, 값을 입력하면 검증 완료

```dart
import 'package:flutter/material.dart';

void main() => runApp(MyApp());

class MyApp extends StatelessWidget {
  @override
  Widget build(BuildContext context) {
    return MaterialApp(
      title: '폼 검증 데모',
      home: Scaffold(
        appBar: AppBar(
          title: Text('폼 검증 데모'),
        ),
        body: MyCustomForm(),
      ),
    );
  }
}

class MyCustomForm extends StatefulWidget {
  @override
  MyCustomFormState createState() {
    return MyCustomFormState();
  }
}

class MyCustomFormState extends State<MyCustomForm> {
  // Form 위젯에 유니크한 키값을 부여하고 검증시 사용
  final _formKey = GlobalKey<FormState>();    ❶

  @override
  Widget build(BuildContext context) {
    // Form 위젯에 _formKey를 지정
    return Form(    ❷
      key: _formKey,    ❸
      child: Column(
        crossAxisAlignment: CrossAxisAlignment.start,
        children: <Widget>[
          TextFormField(    ❹
            validator: (value) {
              if (value.isEmpty) {
```

```
          return '글자를 입력하세요';
        }
        return null;
      },
    ),
    Padding(
      padding: const EdgeInsets.symmetric(vertical: 16.0),
      child: ElevatedButton(
        onPressed: () {
          // 폼을 검증하여 통과하면 true, 실패하면 false 리턴
          if (_formKey.currentState.validate()) {  ❺
            // 검증이 통과하면 스낵바 표시
            ScaffoldMessenger.of(context)
                .showSnackBar(SnackBar(content: Text('검증 완료')));
          }
        },
        child: Text('검증'),
      ),
    ),
      ],
    ),
  );
  }
}
```

입력값을 검증하는 데는 Form과 TextFormField 위젯을 사용합니다. TextFormField 위젯은 TextField 위젯이 제공하는 기능에 추가로 ❹ validator 프로퍼티를 활용한 검증 기능도 제공합니다.

검증에는 ❹ TextFormField 위젯을 사용하며, 검증할 내용 전체를 ❷ Form 위젯으로 감쌉니다. ❸ Form 위젯에는 유니크한(유일무이한) 키를 지정해야 하며 ❶ GlobalKey<FromState> 인스턴스를 키로 사용합니다.

❹ TextFormFiled 위젯에는 validator 프로퍼티가 있으며 여기에는 입력된 값을 인수(value)로 받는 함수를 작성합니다. 또한 검증 로직을 작성하는데, 에러 메시지를 문자열로 반환하거나 null을 반환하여 검증이 통과되었음을 정의할 수 있습니다.

❺ 폼의 검증은 _formKey.currentState.validate()로 수행하며 true 또는 false 값을 반환합니다. 폼 안에 TextFormField 위젯이 여러 개 있어도 이 한 줄로 검증을 체크할 수 있습니다.

SnackBar 클래스는 하단에 메시지를 표시하는 클래스입니다. 검증이 완료되면 '검증 완료'라는 메시지를 표시합니다.

9.3 스텝 1 : 기본 코드 작성

앱의 화면은 2개입니다. 기본 코드를 먼저 작성하고 세부 항목을 완성해나가겠습니다. 구현 순서는 다음과 같습니다.

- 첫 번째 페이지를 StatefulWidget으로 작성
- 두 번째 페이지를 StatelessWidget으로 작성

9.3.1 기본 코드 준비

프로젝트의 main.dart 파일이 다음과 같은 형태가 되도록 작성합니다.

```dart
import 'package:flutter/material.dart';

void main() => runApp(MyApp());

class MyApp extends StatelessWidget {
  // This widget is the root of your application.
  @override
  Widget build(BuildContext context) {
    return MaterialApp(
      title: 'Flutter Demo',
      theme: ThemeData(
        primarySwatch: Colors.blue,
      ),
      home: BmiMain(),
    );
  }
}

// 첫 번째 페이지(StatefulWidget)    ❶
class BmiMain extends StatefulWidget {...생략...}
class _BmiMainState extends State<BmiMain> {...생략...}
```

```
// 두 번째 페이지(StatelessWidget)   ❷
class BmiResult extends StatelessWidget {...생략...}
```

❶ 첫 번째 페이지는 사용자의 입력을 받고 값을 검증하기 위한 페이지입니다. 단축키를 이용하여 stful > 엔터 > 클래스명을 작성(BmiMain)하여 StatefulWidget 클래스로 작성합니다.

❷ 두 번째 페이지는 결과를 보여주기만 하는 페이지입니다. 단축키를 이용하여 stless > 엔터 > 클래스명을 작성(BmiResult)하여 StatelessWidget 클래스로 작성합니다.

9.4 스텝 2 : 키와 몸무게를 입력하는 화면 작성

첫 번째 화면 UI를 완성하고, 키와 몸무게 값을 검증하는 로직을 다음 순서대로 구현합니다.

1. 폼에 설정할 GlobalKey 정의
2. Form 위젯으로 검증 부분 감싸고 GlobalKey 설정
3. 검증 로직을 위해 TextField 대신 TextFormField 사용하기

9.4.1 UI 작성

키와 몸무게를 입력받는 화면의 UI는 다음과 같습니다. 키와 몸무게는 숫자로만 입력받을 수 있습니다.

▶ 키와 몸무게를 입력받는 화면

_BmiMainState 클래스를 다음과 같이 수정합니다. 중요한 부분은 볼드체로 표시하였습니다.

```
class _BmiMainState extends State<BmiMain> {
  final _formKey = GlobalKey<FormState>();   // 폼의 상태를 얻기 위한 키  ❷

  @override
  Widget build(BuildContext context) {
    return Scaffold(
      appBar: AppBar(title: Text('비만도 계산기')),
      body: Container(
        padding: const EdgeInsets.all(16.0),
        child: Form(   // 폼   ❶
          key: _formKey,   // 키 할당
          child: Column(
            children: <Widget>[
              TextFormField(   ❹
                decoration: InputDecoration(   // 외곽선이 있고 힌트로 '키'를 표시
                  border: OutlineInputBorder(),
                  hintText: '키',
                ),
                keyboardType: TextInputType.number,   // 숫자만 입력할 수 있음
              ),
              SizedBox(
                height: 16.0,
              ),
              TextFormField(
                decoration: InputDecoration(
                  border: OutlineInputBorder(),
                  hintText: '몸무게',
                ),
                keyboardType: TextInputType.number,
              ),
              Container(
                margin: const EdgeInsets.only(top: 16.0),
                alignment: Alignment.centerRight,
                child: ElevatedButton(
                  onPressed: () {
                    // 폼에 입력된 값 검증
                    if (_formKey.currentState.validate()) {   ❸
                      // 검증시 처리
                    }
```

```
              },
              child: Text('결과'),
            ),
          )
        ],
      ),
    ),
  ),
);
}
}
```

❶ 키와 몸무게를 입력받는 입력 폼 양식 전체를 Form 위젯으로 감싸야 합니다. 그리고 결과 버튼을 클릭할 때 ❸ 폼에 입력된 값을 검증하기 위해 ❷ 폼의 상태를 얻기 위한 키가 필요합니다. 키는 GlobalKye<FormState>라는 타입의 인스턴스를 _formKey 상수로 선언하고 ❶ Form 위젯의 key 프로퍼티에 할당하였습니다. 이로써 _formKey를 통해 폼의 상태를 얻을 수 있게 됩니다.

키와 몸무게 입력 필드는 검증 로직을 작성할 수 있는 ❹ TextFormField 위젯을 사용합니다. 여기서는 외곽선이 있고 '키' 또는 '몸무게'라는 힌트 텍스트가 표시되는 설정을 가지는 InputDecoration 클래스의 인스턴스를 설정했습니다. TextFormField 위젯은 뒤에서 다시 설명합니다.

❸ _formKey.currentState.validate() 메서드로 폼에 입력된 값을 검증할 수 있습니다. 아직은 검증 로직을 작성하지 않아서 아무것도 동작하지 않습니다.

9.5 스텝 3 : 결과 화면 작성

결과를 표시하는 화면을 작성한 클래스입니다. 이 화면은 결과를 보여준 이후에는 변경되지 않기 때문에 StatelessWidget 클래스로 작성했습니다.

다음과 같은 순서로 작성합니다.

1. 생성자를 통해 키와 몸무게를 받을 준비하기
2. 결과를 글자와 아이콘으로 표시하도록 UI 작성

9.5.1 UI 작성

결과를 표시하는 화면을 다음과 같은 형태로 작성하겠습니다.

▶ 결과 화면

BmiResult 클래스를 다음과 같이 수정합니다.

```
class BmiResult extends StatelessWidget {
  final double height;   // 키
  final double weight;   // 몸무게

  BmiResult(this.height, this.weight);   // 키와 몸무게를 받는 생성자   ❶

  @override
  Widget build(BuildContext context) {
    return Scaffold(
      appBar: AppBar(title: Text('비만도 계산기')),
      body: Center(
        child: Column(
          mainAxisAlignment: MainAxisAlignment.center,
          children: <Widget>[
            Text(   // TODO : 수정할 부분(글자)   ❷
              '정상',
              style: TextStyle(fontSize: 36),
            ),
```

```
        SizedBox(
          height: 16,
        ),
        Icon(    // TODO : 수정할 부분(아이콘)  ❸
          Icons.sentiment_satisfied,
          color: Colors.green,
          size: 100,
        ),
      ],
    ),
   ),
  );
 }
}
```

❶ 생성자를 통해 키와 몸무게를 double 타입 상수에 담습니다. StatelessWidget 클래스는 변화가 없는 위젯이기 때문에 클래스 내부에는 final 키워드가 붙은 상수만 존재할 수 있습니다. 상수는 값을 반드시 초기화해야 하므로 생성자를 통해 초기화가 이루어집니다.

지금은 ❷ '정상'이라는 글자와 ❸ 아이콘을 표시하도록 하였습니다. 이 부분은 나중에 실제로 키와 몸무게 값을 이용해서 계산하여 적합한 글자와 아이콘을 표시합니다.

9.6 스텝 4 : 값 검증 및 화면 전환

키와 몸무게 입력값을 검증하고 결과 화면으로 값을 전달하도록 만들겠습니다. 구현 순서는 다음과 같습니다.

1. 키와 몸무게 값을 얻기 위한 TextEditingController 준비
2. 컨트롤러를 TextFormField에 연결
3. 결과 버튼 클릭 시 값을 검증하고 결과 화면으로 값 전달 및 화면 전환

9.6.1 키와 몸무게 값을 얻는 컨트롤러 준비

키와 몸무게를 입력받고 결과 버튼을 눌렀을 때 TextFormField 위젯에 입력된 값을 가져와야 합니다. 이때 사용하는 것이 TextEditingController 클래스(이하 컨트롤러)입니다.

_BmiMainState 클래스에 다음과 같이 컨트롤러 객체 2개를 준비합니다.

```
class _BmiMainState extends State<BmiMain> {

  final _heightController = TextEditingController(); ─┐ ❶
  final _weightController = TextEditingController(); ─┘

  @override
  void dispose() {
    _heightController.dispose(); ─┐ ❷
    _weightController.dispose(); ─┘
    super.dispose();
  }

  @override
  Widget build(BuildContext context) {
    ...생략...
  }
}
```

❶ 키와 몸무게의 값을 가져오는 각 컨트롤러 인스턴스를 준비합니다. ❷ 다 사용한 컨트롤러의 인스턴스는 반드시 화면이 종료될 때 dispose() 메서드로 해제해야 합니다.

9.6.2 TextFormField 위젯과 컨트롤러 연결

TextFormField 위젯은 TextField 위젯과 모양과 기능이 동일하지만 validator 프로퍼티를 추가로 가지고 있습니다. validator 프로퍼티에는 에러 메시지를 표시할 규칙을 함수로 작성할 수 있기 때문에 회원 가입 같은 폼에 사용하면 간단하게 입력값 검증을 할 수 있습니다.

_BmiMainState 클래스의 build() 메서드에 작성한 두 개의 TextFormField 위젯에 다음과 같이 컨트롤러를 연결해줍니다. 수정된 부분은 볼드체로 표시했습니다.

```
// 키 입력 필드
TextFormField(
  decoration: InputDecoration(  ❶
    border: OutlineInputBorder(),
    hintText: '키',
  ),
```

```
      controller: _heightController,  ❷
      keyboardType: TextInputType.number,  ❸
      validator: (value) {  ❹
        if (value.trim().isEmpty) {   // 입력한 값의 앞뒤 공백을 제거한 것이 비었다면 에러 메시지 표시
          return '키를 입력하세요';  ❺
        }
        return null;    // null을 반환하면 에러가 없는 것임
      },
    ),

    // 몸무게 입력 필드
    TextFormField(
      decoration: InputDecoration(
        border: OutlineInputBorder(),
        hintText: '몸무게',
      ),
      controller: _weightController,
      keyboardType: TextInputType.number,
      validator: (value) {
        if (value.trim().isEmpty) {
          return '몸무게를 입력하세요';
        }
        return null;
      },
    ),
```

두 입력 필드의 내용 설명은 중복되므로 상단의 키 입력 필드를 기준으로 설명하겠습니다.

이 코드는 외곽선을 설정하며, 아무 입력도 없을 때는 hintText 프로퍼티에 정의한 '키'를 표시하고, 숫자만 입력할 수 있는 텍스트 입력 필드입니다. 그리고 아무 값도 입력하지 않았을 때 표시할 ❺ 에러 메시지를 정의했습니다. 입력한 값은 value며, trim() 메서드는 앞뒤 공백을 제거해줍니다. isEmpty 프로퍼티는 값이 비었는지 불리언값으로 반환합니다.

❷ controller 프로퍼티에 컨트롤러를 지정해주면 입력한 값을 컨트롤러를 통해 얻을 수 있습니다.

사용된 속성에 대한 간단한 설명은 다음과 같습니다.

❶ decoration : InputDecoration 클래스를 설정하여 외곽선, 힌트 등을 설정합니다.

❷ controller : TextEditingController 인스턴스를 설정. 텍스트 필드를 조작할 때 사용합니다.

❸ keyboardType : 입력 타입을 제한할 수 있음. 여기서는 숫자만 입력받습니다.

❹ validator : 입력값을 검증하고 에러 메시지를 반환하도록 작성. 에러가 없을 경우 null을 반환합니다.

다음 왼쪽 그림은 앱을 실행했을 때의 화면이고 오른쪽 그림 2개는 키를 입력했을 때의 화면입니다. 값을 입력하면 에러 메시지가 사라지는 것을 알 수 있습니다.

▶ 키와 몸무게 입력 상태에 따라 에러 메시지가 표시됨을 확인

9.6.3 결과 버튼 클릭 시 폼을 검증하고 다음 화면으로 값 전달

_BmiMainState 클래스의 _build() 메서드에 작성한 코드에서 마지막의 ElevatedButton 부분을 다음과 같이 수정합니다.

```
child: ElevatedButton(
  onPressed: () {
    if (_formKey.currentState.validate()) {   // 키와 몸무게 값이 검증되었다면 화면 이동
      Navigator.push(
        context,
        MaterialPageRoute(
```

```
        builder: (context) => BmiResult(
            double.parse(_heightController.text.trim()),    ①
            double.parse(_weightController.text.trim()))),
        );
      }
    },
    child: Text('결과'),
  ),
```

결과 버튼을 클릭했을 때 _formKey.currentState.validate()를 통해 현재 Form 안의 모든 요소의 오류 검증 로직 결과를 불리언으로 반환합니다. 여기서 false가 반환된다면 자동으로 TextFormField 아래에 오류 메시지가 표시됩니다.

검증이 통과되었다면 BmiResult 화면을 표시합니다. 이때 BmiResult 클래스의 생성자를 통해 키와 몸무게를 double 타입으로 전달합니다.

TextField에 입력한 내용은 정수를 입력해도 문자열로 저장됩니다. 따라서 문자열을 double 타입으로 전달받으려면 ① double.parse() 함수를 사용해야 합니다. double.parse() 함수는 인수로 전달된 숫자 모양의 문자열('74.5'와 같이)을 double 타입으로 변환해줍니다. 컨트롤러의 text 프로퍼티로 TextFormField에 입력된 값을 얻어올 수 있습니다. trim() 메서드는 문자열 좌우에 있을 수 있는 공백을 제거해줍니다.

앱을 재실행하고 키와 몸무게를 입력하면 결과 화면으로 이동합니다. 키 174, 몸무게 100을 입력해도 아직은 정상이 표시됩니다.

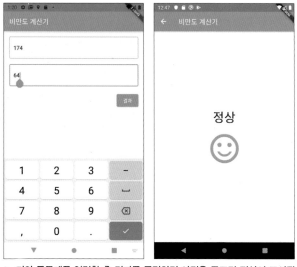

▶ 키와 몸무게를 입력한 후 결과를 클릭하면 아직은 무조건 정상이 표시됨

9.7 스텝 5 : 결과 표시

BMI를 계산하여 제대로 된 결과를 표시하도록 수정하겠습니다.

구현 순서는 다음과 같습니다.

1. BMI 값 계산
2. BMI 값에 따라 결과 표시
3. BMI 값에 따라 아이콘 표시

9.7.1 BMI 값 계산

BMI 값을 계산하기 위해 BmiResult 클래스의 build() 메서드를 다음과 같이 수정합니다.

```
@override
Widget build(BuildContext context) {
  final bmi = weight / ((height / 100) * (height / 100));   ❶
  print('bmi : $bmi');   ❷

  return Scaffold(
    appBar: AppBar(title: Text('비만도 계산기')),
    body: Center(
      child: Column(
        mainAxisAlignment: MainAxisAlignment.center,
        children: <Widget>[
          Text(
            '정상',
            style: TextStyle(fontSize: 36),
          ),
          SizedBox(
            height: 16,
          ),
          Icon(
            Icons.sentiment_satisfied,
            color: Colors.green,
            size: 100,
          ),
        ],
      ),
    ),
```

```
    );
  }
```

❶ 몸무게(weight)를 키(height)의 제곱으로 나누면 BMI 값입니다. 여기서 키를 100으로 나눈 이유는 키의 단위가 미터이기 때문입니다. **❷** print() 함수로 계산된 BMI 값을 미리 확인할 수 있습니다.

9.7.2 BMI 값에 따라 결과 표시

BMI 값에 따라 적합한 결과를 표시하기 위해 BmiResult 클래스의 build() 메서드 아래에 _calcBmi() 메서드를 다음과 같이 작성합니다.

```
String _calcBmi(double bmi) {
  var result = '저체중';
  if (bmi >= 35) {
    result = '고도 비만';
  } else if (bmi >= 30) {
    result = '2단계 비만';
  } else if (bmi >= 25) {
    result = '1단계 비만';
  } else if (bmi >= 23) {
    result = '과체중';
  } else if (bmi >= 18.5) {
    result = '정상';
  }
  return result;
}
```

_calcBmi() 메서드는 bmi 인수로 BMI 결과를 실수로 받고 결과를 문자열로 반환합니다.

BMI 값에 따른 결과는 다음과 같습니다.

- 35 이상 : 고도 비만
- 30 이상 35 미만 : 2단계 비만
- 25 이상 30 미만 : 1단계 비만
- 23 이상 25 미만 : 과체중
- 18.5 이상 23 미만 : 정상
- 18.5 미만 : 저체중

'정상'이라고 표시하던 부분을 BMI 값에 따라 다르게 표시하도록 build() 메서드를 다음과 같이 수정합니다.

```
@override
Widget build(BuildContext context) {
  final bmi = weight / ((height / 100) * (height / 100));   // BMI 값
  print('bmi : $bmi');

  return Scaffold(
    appBar: AppBar(title: Text('비만도 계산기')),
    body: Center(
      child: Column(
        mainAxisAlignment: MainAxisAlignment.center,
        children: <Widget>[
          Text(
            _calcBmi(bmi),   // 계산 결과에 따른 결과 문자열   ❶
            style: TextStyle(fontSize: 36),
          ),
          SizedBox(
            height: 16,
          ),
          Icon(
            Icons.sentiment_satisfied,
            color: Colors.green,
            size: 100,
          ),
        ],
      ),
    ),
  );
}
```

❶ 계산된 BMI 값은 _calcBmi() 메서드로 전달되며 실제 결과를 표시합니다.

9.7.3 BMI 값에 따라 아이콘 표시

BmiResult 클래스에 BMI 값에 따라 아이콘을 반환하는 메서드인 _buildIcon() 메서드를 _calcBmi() 메서드 아래에 다음과 같이 작성합니다.

```
Widget _buildIcon(double bmi) {
  if (bmi >= 23) {
    return Icon(
      Icons.sentiment_very_dissatisfied,
      color: Colors.red,
      size: 100,
    );
  } else if (bmi >= 18.5) {
    return Icon(
      Icons.sentiment_satisfied,
      color: Colors.green,
      size: 100,
    );
  } else {
    return Icon(
      Icons.sentiment_dissatisfied,
      color: Colors.orange,
      size: 100,
    );
  }
}
```

크게 세 구간으로 범위를 정해서 크기가 100인 아이콘을 반환합니다.

계산된 BMI 값에 따라 아이콘이 다르게 표시되도록 build( ) 메서드를 다음과 같이 수정합니다.

```
@override
Widget build(BuildContext context) {
  final bmi = weight / ((height / 100) * (height / 100));   // BMI 값
  print('bmi : $bmi');

  return Scaffold(
    appBar: AppBar(title: Text('비만도 계산기')),
    body: Center(
      child: Column(
        mainAxisAlignment: MainAxisAlignment.center,
        children: <Widget>[
          Text(
            _calcBmi(bmi),   // 계산 결과에 따른 결과 문자열
```

```
          style: TextStyle(fontSize: 36),
        ),
        SizedBox(
          height: 16,
        ),
        _buildIcon(bmi),    // 계산 결과에 따른 아이콘   ❶
      ],
    ),
  ),
);
}
```

계산 결과에 따라 글자를 표시하고 16만큼 간격을 두고 ❶ 아이콘을 표시합니다.

지금까지 비만도 계산기를 작성해보았습니다. 이를 응용하면 간단한 계산 앱을 쉽게 만들 수 있을 겁니다.

9.8 마치며

이 장에서는 비만도 계산기 앱을 작성해보았습니다. 단순한 앱이지만 Form을 활용한 오류 검증은 회원 가입 폼 같은 입력 폼을 만들 때 개발을 굉장히 편리하게 해주므로 많은 도움이 됩니다.

- Form, TextFormField, GlobalKey를 사용하면 입력 폼의 에러를 간단히 검증할 수 있습니다.
- TextFormField 위젯은 TextField 위젯의 기능에 추가로 오류 검증 로직을 추가할 수 있는 위젯입니다.
- TextFormField나 TextField 위젯에 입력된 값을 활용하려면 TextEditingController 클래스를 사용합니다.
- 복잡한 계산은 별도의 메서드로 분리하는 것이 가독성 및 코드 유지 보수 측면에서 좋습니다.

10장 스톱워치

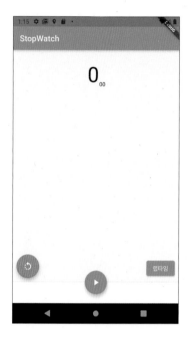

난이도	★★☆
프로젝트명	chapter10
기능	– 타이머를 시작, 일시정지하고 초기화할 수 있습니다.
	– 타이머 실행 중에 랩타임을 측정하여 표시합니다.
핵심 구성 요소	– Timer : 일정 시간 간격으로 지정한 동작을 수행하게 하는 클래스

10.1 해법 요약

이 장에서는 달리기할 때 시간을 재고 랩타임을 측정하는 스톱워치를 만들어봅니다. 스톱워치는 0.01초까지 측정 가능해야 하며 Timer 클래스를 활용하여 0.01초마다 화면을 갱신합니다.

❶ **시작 버튼** : 시간 측정이 시작되며, 일시정지 아이콘으로 변경됩니다. 다시 누르면 일시정지 됩니다.

❷ **랩타임** : 현재 시간을 스크롤 영역에 추가합니다.

❸ **초기화** : 모든 것이 초기화됩니다.

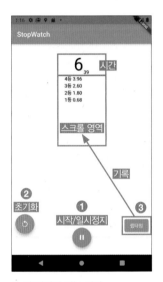

▶ 각 영역의 기능 설명

10.2 스텝 1 : UI 작성

스톱워치의 UI는 크게 시간을 표시하는 Text 위젯 2개, 랩타임을 표시하는 ListView, 3개의 버튼으로 구성됩니다.

구현 순서는 다음과 같습니다.

1. 기본 코드 준비
2. 시작/일시정지 버튼 영역 UI 작성
3. 타이머 영역 UI 작성

10.2.1 기본 코드 준비

스톱워치는 화면이 하나인 앱입니다. 그리고 화면에 표시되는 시간은 계속 변화하기 때문에 상태가 있는 StatefulWidget으로 만듭니다.

```dart
import 'package:flutter/material.dart';

void main() => runApp(MyApp());

class MyApp extends StatelessWidget {
  @override
  Widget build(BuildContext context) {
    return MaterialApp(
      title: 'StopWatch',
      theme: ThemeData(
        primarySwatch: Colors.blue,
      ),
      home: StopWatchPage(),
    );
  }
}

class StopWatchPage extends StatefulWidget {...생략...}

class _StopWatchPageState extends State<StopWatchPage> {...생략...}
```

10.2.2 시작/일시정지 버튼 영역 UI 작성

하단의 시작/일시정지 버튼이 위치하는 영역을 먼저 작성합니다.

▶ 시작/일시정지 버튼 영역

_StopWatchPageState 클래스의 build() 메서드를 다음과 같이 수정하고 에러가 나지 않도록 _buildBody()와 _clickButton() 메서드를 선언해둡니다.

```dart
Widget build(BuildContext context) {
  return Scaffold(
    appBar: AppBar(
      title: Text('StopWatch'),
    ),
    body: _buildBody(),    // 이 메서드는 뒤에서 계속 작성합니다.
    bottomNavigationBar: BottomAppBar(    ❶
      child: Container(
        height: 50.0,
      ),
    ),
    floatingActionButton: FloatingActionButton(    ❷
      onPressed: () => setState(() {
        _clickButton();    ❸
      }),
      child: Icon(Icons.play_arrow),
    ),
    floatingActionButtonLocation: FloatingActionButtonLocation.centerDocked,    ❹
  );
}

// 내용 부분
Widget _buildBody() {
  return Container();
}

// 시작 또는 일시정지 버튼 클릭
void _clickButton() {
}
```

❶ bottomNavigationBar 프로퍼티에는 어떤 위젯도 배치할 수 있으며, 여기서는 BottomAppBar 위젯을 배치했습니다. 내부에는 원하는 위젯을 배치할 수 있지만 여기서는 단순히 디자인 요소로서 높이가 50인 빈 영역을 사용합니다.

BottomAppBar 위젯은 말 그대로 하단에 배치하는 AppBar입니다. Scaffold 위젯의 bottomNavigationBar 프로퍼티에 배치하는 것이 일반적이며 FloatingActionButton 위젯과도 자연스럽게 어울립니다. BottomAppBar 위젯 자체로는 아무것도 없는 빈 영역입니다. 일반적으로 하단 메뉴와 FloatingActionButton 위젯을 함께 사용하는 경우에 사용됩니다.

❷ floatingActionButton 프로퍼티에는 시작 버튼이 위치합니다. 이 버튼을 클릭하면 ❸ _clickButton() 메서드가 실행됩니다. 이 메서드의 내용은 뒤에서 완성합니다.

❹ floatingActionButtonLocation 프로퍼티에 FloatingActionButton 위젯의 위치를 가운데로 지정했습니다. BottomAppBar 위젯은 FloatingActionButton 위젯과 함께 사용하면 자연스럽게 어울립니다.

10.2.3 타이머 영역 UI 작성

타이머 영역을 완성해봅시다.

▶ 타이머 영역을 완성했을 때의 화면

타이머를 표시하는 _buildBody() 메서드를 다음과 같이 수정합니다. 볼드체로 표시한 부분은 임시로 작성한 부분이며 앞으로 수정해야 하는 부분입니다.

```
Widget _buildBody() {
  return Center(
    child: Padding(
      padding: const EdgeInsets.only(top: 30),
      child: Stack(
        children: <Widget>[
          Column(
            children: <Widget>[
```

```
        Row(    // 시간을 표시하는 영역    ❶
          mainAxisAlignment: MainAxisAlignment.center,
          crossAxisAlignment: CrossAxisAlignment.end,
          children: <Widget>[
            Text(    // 초
              '0',
              style: TextStyle(fontSize: 50.0),
            ),
            Text('00'),    // 1/100초
          ],
        ),
        Container(    // 랩타임을 표시하는 영역    ❷
          width: 100,
          height: 200,
          child: ListView(
            children: <Widget>[],
          ),
        )
      ],
    ),
    Positioned(    ❸
      left: 10,
      bottom: 10,
      child: FloatingActionButton(    // 왼쪽 아래에 위치한 초기화 버튼
        backgroundColor: Colors.deepOrange,
        onPressed: () {},
        child: Icon(Icons.rotate_left),
      ),
    ),
    Positioned(    ❹
      right: 10,
      bottom: 10,
      child: ElevatedButton(    // 오른쪽 아래에 위치한 랩타임 버튼
        onPressed: () {},
        child: Text('랩타임'),
      ),
    )
  ],
    ),
  ),
);
}
```

❶ 시간을 초와 1/100초로 표시하는 영역입니다. Row 위젯에 Text 위젯 두 개를 배치했으며 하단 정렬하고 있습니다.

❷ 랩타임을 표시할 영역으로 가로 100, 세로 200 크기의 ListView 위젯을 배치했습니다. 크기를 나타내는 위젯은 Container 위젯 대신 SizedBox 위젯으로 대체 가능합니다.

❸ 초기화 버튼입니다. 왼쪽 아래에 위치시키기 위해 Positioned 위젯으로 감쌌습니다.

❹ 랩타임 버튼입니다. 오른쪽 아래에 위치시키기 위해 Positioned 위젯으로 감쌌습니다.

Stack 위젯 내부에는 여러 위젯을 겹칠 수 있습니다. Positioned 위젯을 Stack 위젯의 children 프로퍼티에 사용할 수 있으며 자유롭게 위치도 정할 수 있습니다.

다음 코드는 가로, 세로 75 크기와 오른쪽 25, 아래쪽 50의 여백을 가지도록 위젯을 배치하는 예입니다.

```
Stack(children: [
  Positioned(
    bottom: 50,
    right: 25,
    width: 75,
    height: 75,
    child: [위젯],
  ),
])
```

Positioned 위젯의 생성자에 지정할 수 있는 프로퍼티는 다음과 같습니다.

- left : 왼쪽 여백
- right : 오른쪽 여백
- top : 위쪽 여백
- bottom : 아래쪽 여백
- width : 가로 길이
- height : 세로 길이

10.3 스텝 2 : 타이머 구현하기

스톱워치의 타이머를 다음 순서대로 구현합니다.

1. Timer 클래스와 필요한 변수 준비
2. 시작/일시정지 상태 변환 로직
3. 시작/일시정지 동작 로직
4. 시간 표시
5. 시간을 표시하는 영역 UI 수정
6. 초기화

10.3.1 Timer 클래스

타이머 기능의 핵심인 Timer 클래스의 사용 방법을 간단히 알아보겠습니다. Timer 클래스는 dart:async 패키지에 포함된 클래스로 일정 간격 동안 반복하여 동작을 수행해야 할 때 사용하는 클래스입니다. 다음 코드는 0.01초에 한 번씩 작업을 수행합니다.

```
import 'dart:async';

...생략...

Timer.periodic(Duration(milliseconds: 10), (timer) {
  // 할 일
}
```

반복 실행 주기를 Timer.periodic() 메서드의 첫 번째 인수 Duration 인스턴스에 설정하면 두 번째 인수로 받은 함수에서 실행되는 구조입니다.

Duration 클래스는 주기를 정의합니다. Duration 클래스의 생성자에 지정할 수 있는 프로퍼티는 다음과 같습니다.

- days : 날짜
- hours : 시간
- minutes : 분
- seconds : 초
- milliseconds : 천 분의 1초
- microseconds : 백만 분의 1초

예를 들어 다음 코드는 1시간 30분마다 한 번씩 실행됩니다.

```
Duration(hours: 1, minutes: 30, (timer) {
  // 동작
})
```

10.3.2 Timer 클래스와 필요한 변수 준비

타이머 기능을 구현하기 위해서는 Timer 클래스가 필요합니다. Timer 클래스는 dart:async 패키지를 임포트해야 사용할 수 있습니다.

```
import 'dart:async';
```

_StopWatchPageState 클래스에는 스톱워치에 필요한 변수를 선언합니다.

```
class _StopWatchPageState extends State<StopWatchPage> {
  Timer _timer;   // 타이머

  var _time = 0;   // 0.01초마다 1씩 증가시킬 정수형 변수
  var _isRunning = false;   // 현재 시작 상태를 나타낼 불리언 변수

  List<String> _lapTimes = [];   // 랩타임에 표시할 시간을 저장할 리스트
```

시간을 계산할 변수 _time, 타이머를 시작하거나 멈추기 위한 불리언 변수 _isRunning, 랩타임에 표시할 문자열을 저장할 리스트 변수 _lapTimes를 준비했습니다.

Timer 클래스는 앱을 종료할 때 반복되는 동작을 취소해야 합니다. dispose( ) 메서드를 재정의하여 타이머가 취소되도록 합니다.

```
@override
void dispose() {
  _timer?.cancel();
  super.dispose();
}
```

Timer 클래스의 인스턴스 변수인 _timer는 선언과 동시에 초기화하지 않았습니다. 만약 _timer 를 한 번도 동작시키지 않았을 때도(null인 상태) 안전하게 동작을 취소하려면 ?. 연산자를 활용하는 것이 좋습니다.

10.3.3 시작/일시정지 상태 변환 로직

시작/일시정지 버튼을 누르면 동작하는 _clickButton() 메서드를 다음과 같이 수정합니다.

```
// 시작 또는 일시정지 버튼 클릭
void _clickButton() {
  _isRunning = !_isRunning;

  if (_isRunning) {
    _start();   // 뒤에서 작성
  } else {
    _pause();   // 뒤에서 작성
  }
}
```

여기서는 불리언 변수인 _isRunning을 ! 연산자를 사용하여 반전시킵니다. 그러면 누를 때마다 시작/일시정지 상태를 표현할 수 있습니다. 시작이면 _start() 메서드를 실행하고 일시정지면 _pause() 메서드를 실행합니다.

또한 _isRunning 변수의 상태에 따라 시작/일시정지 UI가 변경되도록 Scaffold 위젯의 floatingActionButton 프로퍼티 부분을 다음과 같이 수정합니다.

```
floatingActionButton: FloatingActionButton(
  onPressed: () => setState(() {
    _clickButton();
  }),
  child: _isRunning ? Icon(Icons.pause) : Icon(Icons.play_arrow),   // 상태에 따라 다른 아이콘
),
```

_isRunning 변수의 값이 true면 pause 아이콘을, false면 play_arrow 아이콘을 표시합니다.

10.3.4 시작/일시정지 동작 로직

시작할 때 실행되는 _start() 메서드와 일시정지할 때 실행되는 _pause() 메서드를 다음과 같이 작성합니다.

```
// 1/100초에 한 번씩 time 변수를 1 증가
void _start() {
  _timer = Timer.periodic(Duration(milliseconds: 10), (timer) {
    setState(() {
      _time++;
    });
  });
}

// 타이머 취소
void _pause() {
  _timer?.cancel();
}
```

_start() 메서드에서는 Timer 객체를 초기화하고, 0.01초에 한 번씩 반복하여 _time 변수를 1 증가시키고, setState() 함수를 호출해 화면을 다시 그립니다.

_pause() 메서드에서는 실행 중인 _timer 객체를 취소하여 타이머가 일시정지하게 만듭니다. 이때도 역시 안전하게 ?. 연산자를 사용했습니다.

10.3.5 시간 표시

화면에 초 부분과 1/100초 부분을 표현합니다.

10₂₅

▶ 표시할 시간의 형태

화면이 다시 그려질 때마다 초와 1/100초 부분을 분리하여 계산하는 코드를 _buildBody() 메서드 상단에 다음과 같이 추가합니다.

```
Widget _buildBody() {
  var sec = _time ~/ 100;     // 초
  var hundredth = '${_time % 100}'.padLeft(2, '0');   // 1/100초

  return Center(
```

_time 변수는 경과한 시간을 1/100초 단위로 저장합니다. 이 시간을 100으로 나눈 몫이 초 (sec)가 됩니다. 그리고 100으로 나눈 나머지가 1/100초 단위(hundredth)가 됩니다.

다트에서 5 나누기 2는 2.5입니다. 마찬가지로 _time / 100은 double 타입이 되기 때문에 여기서는 몫을 구하는 ~/ 연산자를 사용하여 초(sec) 영역을 표시합니다.

1/100초 영역은 00부터 99까지를 표시하게 됩니다. 그렇게 하기 위해서는 문자열 00부터 99까지 변환을 하고 왼쪽의 빈 곳에는 0을 채워 넣어야 합니다. 문자열에 padLeft() 메서드를 사용하여 2자리로 표현하고 왼쪽의 빈 곳에는 0 문자로 채우도록 했습니다.

10.3.6 시간을 표시하는 영역 UI 수정

9.2.3절 '타이머 영역 UI 작성'에서 앞으로 수정할 부분(볼드체로 표시) 중 _buildBody() 메서드의 시간을 표시하는 영역을 수정합니다. 실제 시간으로 표시하기 위해 다음과 같이 초, 1/100초를 표시하도록 수정합니다.

```
Row(
  mainAxisAlignment: MainAxisAlignment.center,
  crossAxisAlignment: CrossAxisAlignment.end,
  children: <Widget>[
    Text(
      '$sec',   // 초
      style: TextStyle(fontSize: 50.0),
    ),
    Text('$hundredth')   // 1/100초
  ],
),
```

10.3.7 초기화

초기화 버튼을 클릭하면 _reset() 메서드가 실행되도록 다음과 같이 수정합니다.

```
Positioned(
  left: 10,
  bottom: 10,
  child: FloatingActionButton(   // 왼쪽 아래에 위치한 초기화 버튼
    backgroundColor: Colors.deepOrange,
    onPressed: _reset,   // reset 메서드 실행
    child: Icon(Icons.rotate_left),
  ),
),
```

버튼은 Positioned 위젯으로 감싸서 왼쪽 아래에 여백을 10씩 두고 배치했습니다. 초기화 버튼을 누르면 _reset() 메서드를 실행합니다.

초기화 버튼을 누르면 실행되는 _reset() 메서드를 다음과 같이 작성합니다.

```
// 초기화
void _reset() {
  setState(() {
    _isRunning = false;
    _timer?.cancel();
    _lapTimes.clear();
    _time = 0;
  });
}
```

모든 상태를 초기화하고 화면을 다시 그립니다.

10.4 스텝 3 : 랩타임 기록하기

랩타임을 기록하고 표시하는 코드를 다음과 같은 순서로 구현합니다.

1. 랩타임 기록
2. 랩타임 표시

10.4.1 랩타임 기록

랩타임 버튼을 누르면 실행되는 _recordLapTime() 메서드를 다음과 같이 추가로 작성합니다.

```
// 랩타임 기록
void _recordLapTime(String time) {
  _lapTimes.insert(0, '${_lapTimes.length + 1}등 $time');
}
```

이 메서드는 문자열 time을 인수로 받아 '1등 10.25'와 같은 형태로 꾸민 후 _lapTimes 리스트의 0번째(맨 앞)에 추가합니다.

랩타임 버튼을 클릭했을 때 _recordLapTime() 메서드를 실행하도록 다음과 같이 수정합니다.

```
Positioned(
  right: 10,
  bottom: 10,
  child: ElevatedButton(
    onPressed: () {
      setState(() {
        _recordLapTime('$sec.$hundredth');
      });
    },
    child: Text('랩타임'),
  ),
)
```

_recordLapTime() 메서드에 초(sec)와 1/100초(hundredth)를 .으로 연결하여 문자열 형태로 전달합니다.

10.4.2 랩타임 표시

랩타임을 표시하기 위해 _buildBody() 메서드의 랩타임 표시 부분을 다음과 같이 수정합니다.

```
Container(
  width: 100,
  height: 200,
```

```
  child: ListView(
    children: _lapTimes.map((time) => Text(time)).toList(),
  ),
)
```

랩타임 목록을 표시할 영역은 가로 100, 세로 200 크기의 ListView입니다.

map() 함수는 기존 값을 다른 형태로 변환해줍니다. _lapTimes 리스트의 값을 map() 함수를 사용하여 Text 위젯으로 감싸고 toList()로 다시 리스트 형태로 변환했습니다. 즉, _lapTimes 리스트가 다음과 같은 형태였다면

```
[
  '3등 6.54',
  '2등 4.54',
  '1등 3.44',
],
```

map((time) => Text(time)).toList()를 거쳐서 다음과 같은 형태로 변환됩니다.

```
[
  Text('3등 6.54'),
  Text('2등 4.54'),
  Text('1등 3.44'),
],
```

이것으로 스톱워치 앱의 작성을 마쳤습니다.

10.5 마치며

이 장에서는 스톱워치 앱을 만들면서 아주 빠르게 화면을 갱신하는 앱을 작성해보았습니다.

- Timer 클래스를 사용하면 정해진 시간 간격으로 원하는 동작을 수행시킬 수 있습니다.
- 숫자 형태의 문자열을 특정 자릿수로 만들고 0으로 채우려면 padLeft() 메서드를 사용합니다.
- 다트에서 정수형 나누기 정수형은 double 타입입니다.

11장 할 일 관리

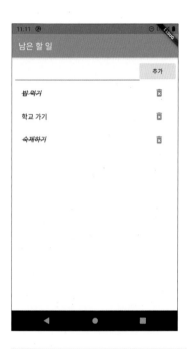

난이도	★★★
프로젝트명	chapter11
기능	– 할 일 추가
	– 할 일 목록 표시
	– 할 일 완료/미완료
	– 할 일 삭제
	– 모든 자료는 클라우드 DB인 Firestore에 저장
핵심 구성 요소	– 파이어베이스 : 서버의 다양한 기능을 복잡한 지식 없이 사용하도록 제공되는 서비스
	– Firestore : 파이어베이스에서 제공하는 클라우드 DB 서비스

11.1 해법 요약

이 장에서 다룰 예제는 클라우드 데이터베이스(이하 DB)를 활용하는 할 일 관리 앱입니다. 기능은 단순합니다. 할 일을 추가하고, 완료 표시하고, 삭제할 수 있습니다. 자료는 파이어베이스라는 서비스가 제공하는 클라우드 DB인 Firestore에 저장합니다.

데이터베이스의 주요 기능을 한 단어로 요약하면 CRUD입니다. 데이터를 추가Create하고, 읽고Read, 수정Update하고, 삭제Delete하는 겁니다. 여기에 원하는 데이터 가져오기Query까지 지원합니다.

예제의 동작을 간단히 설명하겠습니다.

❶ 할 일을 입력하고 ❷ '추가' 버튼을 누르면 ❸ 리스트에 할 일이 추가됩니다.

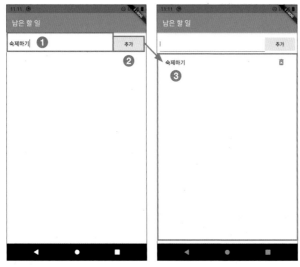

▶ 할 일 추가

리스트에 추가된 할 일 목록 중 ❹ 완료하고 싶은 할 일 목록을 터치하면 ❺ 취소선과 이탤릭체로 변경됩니다. 다시 터치하면 원래대로 돌아갑니다.

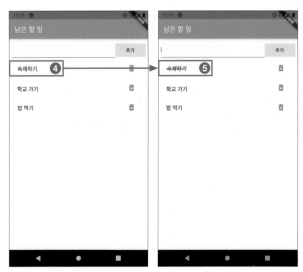

▶ 할 일 완료

삭제하고 싶은 할 일 목록을 ❻ 쓰레기통 아이콘을 클릭하여 삭제합니다.

▶ 할 일 삭제

구현 순서는 다음과 같습니다.

1. 스텝 1 : 할 일 관리 앱 기본 버전 작성
2. 스텝 2 : 파이어베이스 설정
3. 스텝 3 : Firestore를 활용하여 기능 수정

11.2 스텝 1 : 할 일 관리 앱 기본 버전 작성

이 예제는 먼저 클라우드 기능이 없는 할 일 관리 앱 코드를 작성하고 클라우드 DB로 기능을 수정해 나갑니다. 먼저 기본 버전을 작성합니다.

구현 순서는 다음과 같습니다.

1. 기본 코드 준비
2. 변수 준비
3. 전체 UI 작성
4. 할 일 목록 UI 작성
5. 전체 UI와 할 일 목록 UI 결합
6. 기능 작성
7. 기능과 UI 연결

11.2.1 기본 코드 준비

먼저 클라우드 기능이 없는 기본적인 '할 일 관리 앱'을 작성합니다. 프로젝트의 main.dart 파일에 다음과 같이 기본 코드를 작성합니다.

```dart
import 'package:flutter/material.dart';

void main() => runApp(MyApp());

// 할 일 클래스    ❶
class Todo {
  bool isDone = false;
  String title;

  Todo(this.title);
}

// 시작 클래스
class MyApp extends StatelessWidget {
  // This widget is the root of your application.
  @override
  Widget build(BuildContext context) {
    return MaterialApp(
```

```
        title: '할 일 관리',
        theme: ThemeData(
          primarySwatch: Colors.blue,
        ),
        home: TodoListPage(),
      );
    }
  }


  // TodoListPage 클래스   ❷
  class TodoListPage extends StatefulWidget {
    @override
    _TodoListPageState createState() => _TodoListPageState();
  }


  // TodoListPage의 State 클래스
  class _TodoListPageState extends State<TodoListPage> {
    @override
    Widget build(BuildContext context) {
      return Scaffold(
        appBar: AppBar(
          title: Text('남은 할 일'),
        ),
        body: Container();
      );
    }
  }
```

❶ 이번 예제에서는 할 일 정보를 표현하기 위해 Todo 클래스를 작성했습니다. 완료 여부와 할 일 내용을 프로퍼티로 가지는 클래스입니다.

❷ 단축키 stful을 사용하여 앱의 화면을 StatefulWidget으로 작성하고 _TodoListPageState 클래스에는 기본적인 Scaffold만 작성해둡니다.

11.2.2 변수 준비

할 일 목록을 저장할 변수와 입력받은 할 일 문자열을 조작하는 컨트롤러를 준비하겠습니다. _TodoListPageState 클래스 상단에 다음과 같이 작성합니다.

```
// TodoListPage의 State 클래스
class _TodoListPageState extends State<TodoListPage> {
  // 할 일 목록을 저장할 리스트
  final _items = <Todo>[];    ❶

  // 할 일 문자열 조작을 위한 컨트롤러
  var _todoController = TextEditingController();    ❷

  @override
  void dispose() {
    _todoController.dispose();    // 사용이 끝나면 해제    ❸
    super.dispose();
  }
}
```

❶ 할 일 목록 리스트 작성시 <Todo>를 앞에 작성하여 Todo 객체를 담는 것을 명시했습니다.

❷ 할 일 문자열을 조작하기 위한 컨트롤러입니다.

❸ 컨트롤러는 사용이 끝나면 dispose( ) 메서드로 해제해야 합니다.

11.2.3 전체 UI 작성

화면은 크게 ❶ 할 일을 입력받는 TextField 위젯, ❷ 추가 버튼, ❸ 할 일 목록을 표시할 ListView로 구성됩니다.

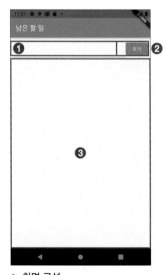

▶ 화면 구성

_TodoListPageState 클래스의 build() 메서드를 다음과 같이 수정합니다.

```
@override
Widget build(BuildContext context) {
  return Scaffold(
    appBar: AppBar(
      title: Text('남은 할 일'),
    ),
    body: Padding(
      padding: const EdgeInsets.all(8.0),
      child: Column(
        children: <Widget>[
          Row(
            children: <Widget>[
              Expanded(
                child: TextField(      ❶
                  controller: _todoController,
                ),
              ),
              ElevatedButton(      ❷
                child: Text('추가'),
                onPressed: () {},    // 뒤에서 계속 작성
              ),
            ],
          ),
          Expanded(
            child: ListView(      ❸
              children: <Widget>[],    // 뒤에서 계속 작성
            ),
          ),
        ],
      ),
    ),
  );
}
```

❶ 할 일을 입력받을 TextField입니다. 컨트롤러를 연결하고 Expanded 위젯으로 감싸서 ❷ 추가 버튼 이외의 영역을 꽉 채우게 됩니다.

❷ 추가 버튼의 동작은 아직 정의하지 않았습니다.

❸ 할 일 목록을 표시하는 부분입니다. ListView 위젯은 Column 위젯의 children 프로퍼티에 포함될 때 Expanded 위젯으로 감싸야 화면에 정상적으로 표시됩니다. children 프로퍼티는 아직 정의하지 않았습니다.

11.2.4 할 일 목록 UI 작성

할 일 목록에 표시되는 아이템은 ❶ 다음과 같은 형태를 가집니다. 목록의 아이템을 클릭하면 ❷ 취소선과 이탤릭체가 적용됩니다.

▶ 할 일 목록 UI

_TodoListPageState 클래스에 다음과 같이 _buildItemWidget() 메서드를 작성합니다.

```
// 할 일 객체를 ListTile 형태로 변경하는 메서드
Widget _buildItemWidget(Todo todo) {   ❶
  return ListTile(
    onTap: () {},   // Todo : 클릭 시 완료/취소되도록 수정
    title: Text(
      todo.title,   // 할 일
      style: todo.isDone   // 완료일 때는 스타일 적용   ❷
        ? TextStyle(
```

```
          decoration: TextDecoration.lineThrough,   // 취소선
          fontStyle: FontStyle.italic,   // 이탤릭체
        )
      : null,   // 아무 스타일도 적용 안 함
  ),
  trailing: IconButton(   ❸
    icon: Icon(Icons.delete_forever),
    onPressed: () {},   // Todo : 쓰레기통 클릭 시 삭제되도록 수정
  ),
);
}
```

❶ _buildItemWidget() 메서드는 Todo 객체를 인수로 받고 ListTile 위젯을 반환합니다.

❷ Todo 객체의 isDone 프로퍼티의 값에 따라 일반적인 Text가 사용되거나 취소선과 이탤릭체가 적용된 Text가 사용됩니다. ❸ trailing 프로퍼티에는 IconButton 위젯으로 쓰레기통 아이콘을 배치했습니다.

11.2.5 전체 UI와 할 일 목록 UI 결합

작성한 할 일 목록 UI가 할 일 목록 ListView에 표시되도록 하겠습니다.

build() 메서드에서 남겨두었던 전체 UI에서 할 일 목록을 표시할 children 프로퍼티에 방금 작성한 할 일 목록 UI가 표시되도록 다음과 같이 수정합니다.

```
Expanded(
  child: ListView(
    children: _items.map((todo) => _buildItemWidget(todo)).toList(),
  ),
),
```

값 리스트를 위젯 리스트로 변환하는 코드입니다. _items 리스트의 항목을 map() 함수를 통해 내부 순환하여 todo 인수로 받고 _buildItemWidget() 메서드를 반환합니다. 이를 toList() 함수로 다시 리스트로 변환합니다.

11.2.6 기능 작성

이 앱은 다음 세 가지 기능이 있습니다.

- 할 일 추가
- 할 일 삭제
- 할 일 완료/미완료

각 기능을 Todo 객체를 인수로 받는 메서드로 작성하겠습니다. _TodoListPageState 클래스에
다음과 같이 메서드 3개를 작성합니다.

```dart
// 할 일 추가 메서드
void _addTodo(Todo todo) {
  setState(() {
    _items.add(todo);        ❶
    _todoController.text = '';   // 할 일 입력 필드를 비움
  });
}

// 할 일 삭제 메서드
void _deleteTodo(Todo todo) {
  setState(() {
    _items.remove(todo);     ❷
  });
}

// 할 일 완료/미완료 메서드
void _toggleTodo(Todo todo) {
  setState(() {
    todo.isDone = !todo.isDone;   ❸
  });
}
```

메서드의 내용을 보면 아시겠지만 굉장히 단순합니다. _items 리스트에 Todo 객체를 ❶ 추가하
거나 ❷ 삭제하거나 ❸ isDone 프로퍼티값을 변경하고 setState() 함수로 UI를 다시 그리는
메서드들입니다.

❶ _addTodo() 메서드에서는 할 일 목록에 새로운 Todo 객체를 추가하고 TextField에 입력한
글자를 지웁니다.

❷ _deleteTodo() 메서드에서는 할 일 목록에서 선택한 Todo 객체를 삭제합니다.

❸ _toggleTodo() 메서드에서는 Todo 객체의 isDone 값을 반전시킵니다(true면 false로, false면 true로).

11.2.7 기능과 UI 연결

앞의 세 가지 메서드로 작성한 기능 3개를 각각 UI의 이벤트와 연결하도록 하겠습니다.

❶ build() 메서드에 작성된 추가 버튼을 클릭했을 때 _addTodo() 메서드가 실행되도록 다음과 같이 수정합니다.

```
ElevatedButton(
  child: Text('추가'),
  onPressed: () => _addTodo(Todo(_todoController.text)),
),
```

할 일 목록 UI인 _buildItemWidget() 메서드에서 ListTile 위젯의 onTap 프로퍼티와 IconButton 위젯의 onPressed 프로퍼티를 수정하여 클릭했을 때 완료/미완료와 삭제 처리가 되도록 다음과 같이 수정합니다.

```
// 할 일 객체를 ListTile 형태로 변경하는 메서드
Widget _buildItemWidget(Todo todo) {
  return ListTile(
    onTap: () => _toggleTodo(todo),   // 완료/미완료  ❷
    title: Text(
      todo.title,
      style: todo.isDone
          ? TextStyle(
              decoration: TextDecoration.lineThrough,
              fontStyle: FontStyle.italic,
            )
          : null,
    ),
    trailing: IconButton(
      icon: Icon(Icons.delete_forever),
      onPressed: () => _deleteTodo(todo),   // 삭제  ❸
```

```
    ),
  );
}
```

❷ ListTile 위젯을 클릭하면 _toggleTodo() 메서드를 실행하여 완료/미완료 상태가 변경됩니다.

❸ 쓰레기통 아이콘을 클릭하면 _deleteTodo() 메서드를 실행하여 항목이 삭제됩니다.

기본적인 할 일 관리 앱 작성이 끝났습니다. 작성한 예제를 실행하고 동작을 확인해보세요.

11.3 스텝 2 : 파이어베이스 설정

작성한 '할 일 관리' 앱은 앱을 재시작하면 모든 자료가 사라집니다. 자료를 저장하려면 파일이나 로컬 DB 또는 클라우드 DB 등에 자료를 보관해야 합니다. 우리는 구글 파이어베이스^{Firebase}가 제공하는 클라우드 DB를 사용할 겁니다.

구현 순서는 다음과 같습니다.

1. 파이어베이스 연동하기
2. Firestore 설정

11.3.1 파이어베이스 연동하기

먼저 파이어베이스 웹사이트(firebase.google.com/)에 ❶ 구글 계정으로 로그인합니다. 그런 다음 첫 페이지에서 ❷ '시작하기' 버튼을 클릭합니다.

▶ 파이어베이스 웹사이트

그런 다음 화면에 보이는 ❸ '프로젝트 만들기' 버튼을 클릭합니다.

▶ 프로젝트 만들기

프로젝트명은 원하는 이름으로 작성하면 됩니다. 여기서는 ❹ 'my todo list'를 입력했습니다.

❺ 'Firebase 약관에 동의합니다.'를 체크하고 ❻ '계속' 버튼을 클릭합니다.

▶ 프로젝트명 지정 후 약관 동의

다음 화면에 나오는 구글 애널리틱스는 이 책에서 다루는 범위를 벗어나므로 ❼ 사용 설정을 해제하고 ❽ '프로젝트 만들기' 버튼을 클릭합니다.

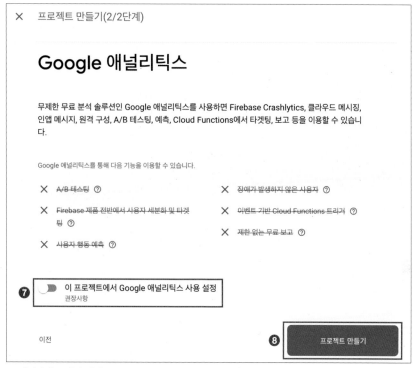

▶ 애널리틱스 설정 해제

프로젝트가 생성되고 나서 보이는 다음 화면에서 ❾ '계속' 버튼을 클릭합니다.

▶ 프로젝트 생성 완료 화면

그러면 다음 그림과 같은 파이어베이스 콘솔이 보입니다. ❿ 안드로이드 아이콘을 클릭하여 안드로이드 앱을 추가해보겠습니다.

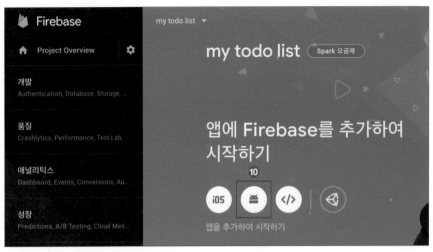

▶ 파이어베이스 콘솔에서 안드로이드 앱 추가

앱에 파이어베이스를 추가하려면 작성 중인 안드로이드 앱의 패키지명을 알아야 합니다. 안드로이드 프로젝트의 환경 설정 파일에는 build.gradle 파일이 두 개 있습니다. 프로젝트 폴더의 android/app 아래에 있는 ⓫ build.gradle 파일을 열고 다음과 같이 ⓬ applicationId 항목에 있는 값을 찾아서 클립보드에 복사(Ctrl+C)해둡니다.

이때 build.gradle 파일에 에러처럼 빨간줄이 표시될 수 있는데 안드로이드 스튜디오를 재시작하면 빨간줄이 사라지고 build.gradle 파일을 열면 다시 생깁니다. 정상 동작이므로 무시하기 바랍니다.

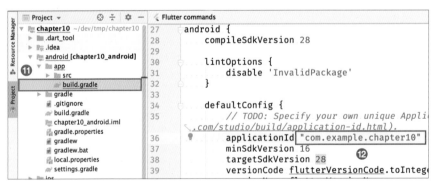

▶ 안드로이드 패키지명 복사

복사한 패키지명을 ⑬ 붙여넣기(Ctrl+V)하여 입력하고 ⑭ '앱 등록' 버튼을 클릭합니다.

▶ 패키지명 입력 및 앱 등록 클릭

⑮ 'google-services.json 다운로드' 버튼을 클릭하여 다운로드한 파일을 프로젝트의 ⑯ android/app/ 위치에 추가합니다. 화면에 보이는 가이드는 네이티브 안드로이드 프로젝트 의 화면이라서 우리가 진행하는 화면과 다릅니다. 플러터 프로젝트에서는 ⑯과 같이 android/ app/ 폴더 아래에 파일이 위치하면 됩니다. ⑰ '다음'을 클릭합니다.

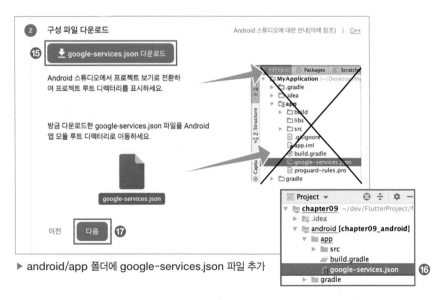

▶ android/app 폴더에 google-services.json 파일 추가

google-services.json 파일에는 각자의 파이어베이스 관련 정보가 담겨 있으므로 다른 사람에게 유출되지 않도록 유의해야 합니다. 따라서 제공해드리는 소스 코드의 프로젝트에는 이 파일이 제외되어 있습니다. 각자의 google_services.json 파일을 프로젝트에 복사해 넣어야 앱이 실행됩니다. ⑱을 클릭하여 복사합니다.

③ **Firebase SDK 추가**　　　　　　　　　　　Gradle 안내　|　Unity　C++

Gradle ↗용 Google 서비스 플러그인에서 방금 다운로드한 google-services.json 파일을 로드합니다. build.gradle 파일을 수정하여 플러그인을 사용하세요.

프로젝트 수준의 **build.gradle** (<project>/build.gradle):

```
buildscript {
  repositories {
    // Check that you have the following line (if not, add it):
    google()  // Google's Maven repository
  }
  dependencies {
    ...
    // Add this line
    classpath 'com.google.gms:google-services:4.3.2'
  }
}
```

▶ 복사

안드로이드 스튜디오 프로젝트에서 ⑲ android/ 폴더에 있는 build.gradle 파일을 열고 다음과 같이 dependencies 항목 안에 ⑳ 붙여넣습니다. android/build.gradle 파일은 안드로이드의 환경 구성 파일입니다. 버전은 수행 시점에 따라 다를 수 있습니다.

```
buildscript {
    repositories {
        google()
        jcenter()
    }

    dependencies {
        classpath 'com.android.tools.build:gradle:4.1.0'
        classpath 'com.google.gms:google-services:4.3.3'
    }
}
```

▶ android 폴더의 build.gradle 수정

계속해서 ㉑을 클릭하여 복사한 뒤 이번에는 android/app/ 폴더에 있는 ㉒ build.gradle 파일을(앞에서 다룬 파일과 위치가 다름에 주의) 열고 ㉓ 제일 하단에 붙여넣습니다.

앱 수준의 **build.gradle** (<project>/<app-module>/build.gradle):

```
apply plugin: 'com.android.application'
// Add this line
apply plugin: 'com.google.gms.google-services'                    ㉑
```

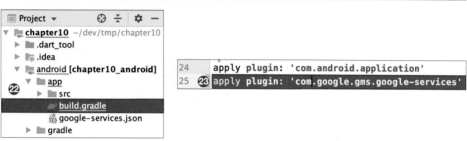

▶ android/app 폴더의 build.gradle 파일 수정

모든 과정을 마쳤으므로 ㉔ '다음' 버튼을 클릭하고 다음 화면에서 ㉕ '콘솔로 이동' 버튼을 클릭하여 파이어베이스 콘솔로 이동합니다.

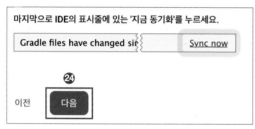

▶ Sync now 무시하고 다음 클릭

main.dart 파일을 열고 main() 메서드를 다음과 같이 수정합니다.

```
import 'package:firebase_core/firebase_core.dart';

void main() async {
  WidgetsFlutterBinding.ensureInitialized();
  await Firebase.initializeApp();  // Firebase 초기화
  runApp(MyApp());
}
```

이 코드는 runApp() 실행 전에 플러터 위젯을 미리 준비하고, Firebase를 초기화하여 Firestore를 사용할 수 있는 사전 준비를 끝냅니다.

여기까지 진행하고 프로젝트를 ㉖ 실행해봅시다. 에러 없이 앱이 잘 실행되면 설정이 잘된 겁니다.

11.3.2 Firestore 설정

파이어베이스 연동을 마쳤으니 Firestore를 연동하겠습니다.

파이어베이스 콘솔의 '앱에 추가할 제품 선택'에서 ❶ 'Cloud Firestore'를 클릭합니다.

▶ Cloud Firestore 클릭

❷ '데이터베이스 만들기'를 클릭합니다.

▶ 데이터베이스 만들기 클릭

다음과 같은 화면이 표시되면 ❸ '테스트 모드로 시작'을 선택하고 ❹ '다음' 버튼을 클릭합니다.

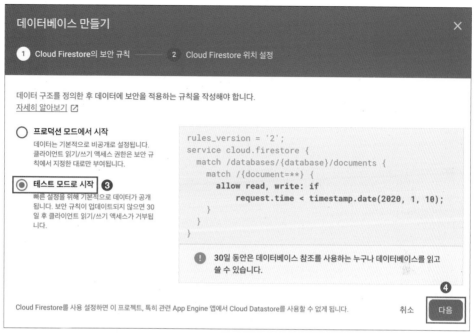

▶ 테스트 모드로 시작

다음 화면에서 데이터가 저장되는 위치를 설정할 수 있습니다. 여기서는 기본값을 그대로 두고
❺ '완료' 버튼을 클릭합니다.

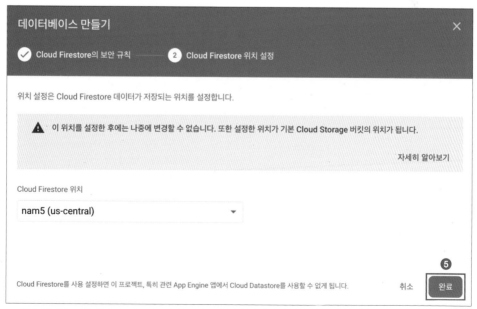

▶ 데이터베이스 지역 설정

잠시 후 다음과 같은 화면이 표시되면 파이어베이스 콘솔에서의 Firestore 설정이 완료된 겁니다. 계속해서 플러터 프로젝트 설정을 진행합니다.

▶ Firestore 화면

플러터 프로젝트의 ❻ pubspec.yaml 파일을 열고 dependencies 항목 아래에 ❼ 'cloud_firestore: ^1.0.0'을 입력합니다. 그런 다음 라이브러리 반영을 위해 ❽ 'Pub get'을 클릭합니다.

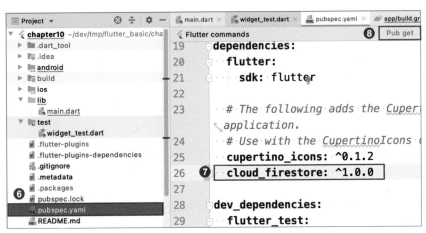

▶ firestore 라이브러리 추가

이것으로 Firestore 사용 준비가 끝났습니다. 앱을 실행했을 때 문제없이 실행될 겁니다.

11.4 스텝 3 : Firestore를 활용하여 기능 수정

파이어베이스는 개인적인 서버 없이도 활용할 수 있는 다양한 서버 기능을 제공합니다. 그중에서도 Firestore는 파이어베이스가 제공하는 사용하기 쉽고 간편한 데이터베이스입니다.

Firestore는 문서 기반의 구조라서 이해하기 쉽고, SQL 문법을 몰라도 되며, 실시간으로 데이터 읽기를 제공하는 특징이 있습니다.

그럼 Firestore의 구조와 사용 방법을 알아보면서 기존 코드를 조금씩 수정하겠습니다. 구현 순서는 다음과 같습니다.

1. Firestore 구조 알아보기
2. 컬렉션 생성
3. 할 일 목록 가져오기(Query)
4. 메서드 개수 제한 피하기
5. 문서 추가
6. 할 일 추가하기(Insert)
7. 할 일 완료 토글(Update)
8. 할 일 삭제하기(Delete)

11.4.1 Firestore 구조 알아보기

Firestore는 NoSQL 데이터베이스의 일종으로 자료의 저장 단위는 문서document입니다. 그리고 SQL 문법을 배우지 않아도 됩니다. 문서는 컬렉션collection 안에 저장되며, 문서에는 키-값 형태로 다양한 형태의 자료data를 저장할 수 있습니다. 그리고 문서 안에 또 다른 컬렉션을 저장할 수 있습니다.

— data
— document

— collection

▶ **Firestore의 자료 구조**

Firestore를 더 자세히 알고 싶다면 다음 링크를 참고하기 바랍니다.

- firebase.google.com/docs/firestore

앱을 직접 수정하면서 Firestore를 활용해보겠습니다.

11.4.2 컬렉션 생성

먼저 할 일 정보를 저장할 컬렉션을 생성해보겠습니다. Firestore는 콘솔에서 간단히 자료를 조작할 수 있습니다. 먼저 파이어베이스 콘솔의 Firestore 화면에서 ❶ '컬렉션 시작'을 클릭합니다. '컬렉션 ID'에 ❷ 'todo'를 입력하고 ❸ '다음' 버튼을 클릭합니다.

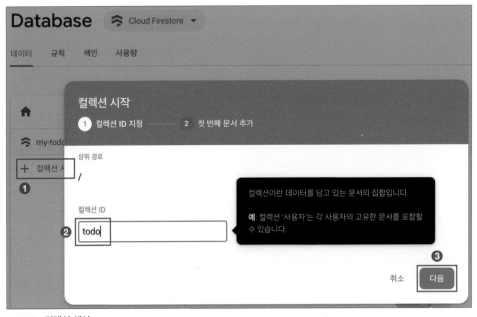

▶ todo 컬렉션 생성

컬렉션에는 문서가 1개 이상 있어야 하므로 곧바로 다음 화면에서 문서를 추가합니다. 문서 ID 는 문자열로 작성해야 하며 ❹ 자동 ID를 클릭하면 임의의 문서 ID가 자동으로 생성됩니다.

▶ 문서 ID 자동 생성

할 일 하나에 해당하는 데이터를 다음과 같이 작성합니다. ❺ '필드 추가'를 클릭하여 ❻ 불리언 타입의 isDone과 문자열 타입의 title 필드를 작성하고 값에 'false', '학교 가기'를 입력한 후 ❼ '저장' 버튼을 클릭합니다.

▶ 문서 추가

컬렉션과 문서가 잘 생성되었다면 다음과 같은 화면이 표시될 겁니다.

▶ 할 일 문서 하나를 추가한 컬렉션

11.4.3 할 일 목록 가져오기(Query)

DB에 '학교 가기' 할 일이 저장되었습니다. 이 자료를 읽어 와서 앱에 표시해보겠습니다.

❶ 먼저 main.dart 파일의 최상단에 Firestore 사용을 위한 임포트를 합니다.

```
import 'package:cloud_firestore/cloud_firestore.dart';
```

그런 다음 ❷ Todo 클래스를 다음과 같이 수정합니다.

```
// 할 일 클래스
class Todo {
  bool isDone;
  String title;

  Todo(this.title, {this.isDone = false});
}
```

isDone 프로퍼티를 옵셔널 프로퍼티로 고치고 기본값을 false로 지정했습니다.

❸ 다음으로 _TodoListPageState 클래스의 _buildItemWidget() 메서드를 다음과 같이 수정합니다.

```
// 할 일 객체를 ListTile 형태로 변경하는 메서드
Widget _buildItemWidget(DocumentSnapshot doc) {
  final todo = Todo(doc['title'], isDone: doc['isDone']);
  return ListTile(
    onTap: () => _toggleTodo(todo),
    title: Text(
      todo.title,
      style: todo.isDone
          ? TextStyle(
              decoration: TextDecoration.lineThrough,
              fontStyle: FontStyle.italic,
            )
          : null,
    ),
    trailing: IconButton(
```

```
      icon: Icon(Icons.delete_forever),
      onPressed: () => _deleteTodo(todo),
    ),
  );
}
```

Firestore 문서는 DocumentSnapshot 클래스의 인스턴스입니다. 이를 받아서 Todo 객체를 생성하는 코드를 추가했습니다.

❹ _TodoListPageState 클래스의 build() 메서드 안에서 할 일 목록을 표시하는 부분인 ListView 위젯을 감싸는 Expanded 위젯을 찾습니다. Expanded 글자 위에 커서를 두고 Alt+Enter를 눌러 StreamBuilder 위젯으로 감싸고 다음과 같이 코드를 작성합니다.

```
StreamBuilder<QuerySnapshot>(
  stream: FirebaseFirestore.instance.collection('todo').snapshots(),  ❹-1
  builder: (context, snapshot) {  ❹-2
    if (!snapshot.hasData) {  ❹-3
      return CircularProgressIndicator();
    }
    final documents = snapshot.data.docs;  ❹-4
    return Expanded(
      child: ListView(
        children: documents
            .map((doc) => _buildItemWidget(doc)).toList(),  ❹-5
      ),
    );
  },
),
```

이 코드는 todo 컬렉션의 데이터가 지속적으로 흘러들어오는 스트림을 통해 UI를 그립니다. 여기서 StreamBuilder 클래스를 사용하는데, 스트림과 연결해두면 스트림의 값이 변할 때마다 builder 부분이 다시 호출됩니다. 이때 매번 화면 전체를 다시 그리지 않고 StreamBuilder로 일부분만 그립니다. Firestore에서는 snapshots() 메서드를 사용해 데이터의 스트림을 쉽게 얻을 수 있습니다.

❹-1 todo 컬렉션에 있는 모든 문서를 스트림으로 얻습니다. 스트림은 자료가 변경되었을 때 반응하여 화면을 다시 그려줍니다. 그러기 위해서는 StreamBuilder 클래스와 함께 사용합니다.

❹-2 builder 프로퍼티를 통해 BuildContext와 QuerySnapshot 객체가 각각 context와 snapshot으로 넘어옵니다. 여기에서 화면에 그려질 UI를 반환하도록 코드를 짭니다.

❹-3 snapshot에는 데이터를 포함하여 다양한 정보가 들어 있습니다. snapshot.hasData로 자료의 유무를 얻습니다. 여기서는 자료가 없을 때 로딩 표시를 하도록 작성했습니다.

❹-4 snapshot.data.docs로 모든 문서를 얻습니다.

❹-5 이제 docs를 반복하면서 doc을 통해 위젯을 그립니다.

❺ 앱을 실행하여 Firestore에 작성한 내용이 표시되는 것을 확인합니다.

11.4.4 메서드 개수 제한 피하기

필자는 여기서 실행이 안 되고 다음과 같이 에러 메시지가 발생했습니다. 안드로이드 스튜디오의 하단 Run 탭에서 에러 메시지를 확인할 수 있습니다. 안드로이드에서는 메서드가 65,536개 이상인 경우에 이런 에러가 발생하는데, Firestore 라이브러리에 메서드가 많은가 봅니다.

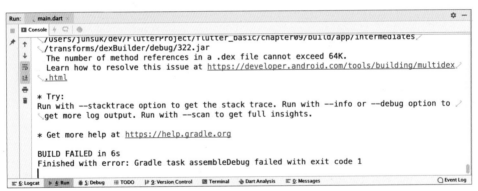

▶ 프로젝트의 메서드 수가 65,536개를 넘을 때 발생하는 에러

가장 간단한 해결 방법은 다음과 같이 ❶ android/app/ 폴더의 build.gradle 파일 내용에서 minSdkVersion을 21로 수정하는 겁니다. 이렇게 하면 이 앱을 실행할 수 있는 최소한의 안드로이드 버전은 21(5.0 롤리팝)로 올라가지만 메서드 개수 제한에서 자유로워집니다.

```
defaultConfig {
    // TODO: Specify your own unique Application ID
(https://developer.android.com/studio/build/application-id.html).
    applicationId "com.example.chapter11"
    minSdkVersion 21    ❶
    targetSdkVersion 30
    versionCode flutterVersionCode.toInteger()
    versionName flutterVersionName
    testInstrumentationRunner "android.support.test.runner.AndroidJUnitRunner"
}
```

만약 안드로이드 버전 21 미만에서 동작하게 하고 싶다면 다음 링크를 참고하시기 바랍니다.

- developer.android.com/studio/build/multidex.html

이제 다시 앱을 실행시키면 Firestore에 저장된 할 일 목록이 표시되는 것을 확인할 수 있습니다.

▶ **Firestore의 데이터를 잘 표시함**

11.4.5 문서 추가

StreamBuilder 클래스를 사용하여 todo 컬렉션의 데이터를 스트림으로 가져오는데 스트림은 DB 값이 변경되었을 때 자동으로 다시 값을 받아오게 됩니다.

앱을 실행한 상태에서 파이어베이스 콘솔에서 문서를 추가하면 앱에서 바로 데이터가 갱신되는 것을 확인해보겠습니다.

파이어베이스 콘솔에서 ❶ 문서 추가를 클릭합니다.

▶ 문서 추가 클릭

❷ 다음과 같이 추가할 문서의 내용을 입력하고 ❸ '저장'을 클릭합니다. '숙제하기'는 완료된 모습의 UI를 확인하기 위해 isDone 필드를 true 값으로 설정했습니다.

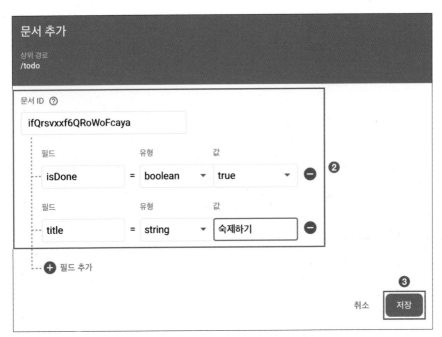

▶ 새로운 문서 추가

다음과 같이 새로운 문서가 추가됩니다. 이제 실행된 앱을 보세요.

▶ 새로운 문서가 추가됨

데이터가 자동으로 갱신되었습니다.

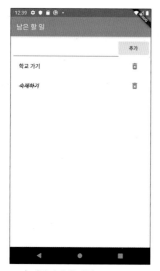

▶ 숙제하기가 추가됨

11.4.6 할 일 추가하기(Insert)

할 일을 추가하는 메서드를 작성하겠습니다.

❶ _TodoListPageState 클래스의 _addTodo() 메서드를 다음과 같이 수정합니다.

```
// 할 일 추가 메서드
void _addTodo(Todo todo) {
  FirebaseFirestore.instance
```

```
      .collection('todo')
      .add({'title': todo.title, 'isDone': todo.isDone});
    _todoController.text = '';
  }
```

todo 컬렉션에 add( ) 메서드를 이용해 새로운 문서를 추가하는 코드입니다. add( ) 메서드에는 Map 형식으로 데이터를 작성합니다.

❷ 앱을 실행하고 '밥 먹기'를 추가해봅시다. 할 일 목록도 자동으로 갱신됩니다.

▶ 밥 먹기 추가

참고로 이 예제에서 할 일 목록의 순서는 자동으로 생성된 문서 ID에 의해 결정됩니다. 따라서 여러분의 결과는 위 그림과 다를 수 있습니다.

11.4.7 할 일 완료 토글(Update)

할 일을 완료/미완료 처리하는 메서드를 작성하겠습니다. _buildItemWidget( ) 메서드에서 _toggleTodo( ) 메서드로 전달하는 자료를 ❶ todo에서 doc로 수정합니다.

```
// 할 일 객체를 ListTile 형태로 변경하는 메서드
Widget _buildItemWidget(DocumentSnapshot doc) {
  final todo = Todo(doc['title'], isDone: doc['isDone']);
```

```
  return ListTile(
    onTap: () => _toggleTodo(doc),   ❶
```

❷ _toggleTodo() 메서드를 다음과 같이 수정합니다.

```
// 할 일 완료/미완료 메서드
void _toggleTodo(DocumentSnapshot doc) {
  FirebaseFirestore.instance.collection('todo').doc(doc.id).update({
    'isDone': !doc['isDone'],
  });
}
```

특정 문서를 업데이트하려면 문서 ID가 필요합니다. DocumentSnapshot을 통해 문서 ID를 얻을 수 있으며 doc() 메서드에 인수로 전달하고 update() 메서드에 수정하고자 하는 내용을 Map 형태로 전달하면 자료가 업데이트됩니다.

앱을 실행하고 ❸ '밥 먹기'를 클릭하여 완료 처리되는지 확인합니다. 할 일 목록에 바로 반영되는 것을 알 수 있습니다.

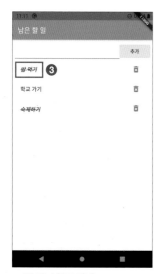

▶ 밥 먹기 완료 처리

11.4.8 할 일 삭제하기(Delete)

마지막으로 할 일을 삭제하는 메서드를 작성하겠습니다.

❶ _buildItemWidget() 메서드가 반환하는 ListTile의 trailing 프로퍼티를 다음과 같이 수정합니다.

```
trailing: IconButton(
  icon: Icon(Icons.delete_forever),
  onPressed: () => _deleteTodo(doc),
),
```

❷ _deleteTodo() 메서드를 다음과 같이 수정합니다.

```
// 할 일 삭제 메서드
void _deleteTodo(DocumentSnapshot doc) {
  FirebaseFirestore.instance.collection('todo').docs(doc.id).delete();
}
```

삭제할 때도 문서 ID가 필요하기 때문에 Todo가 아닌 DocumentSnapshot을 인수로 받도록 고쳤습니다. delete() 메서드로 문서가 삭제됩니다.

❸ 앱을 실행한 뒤 삭제하고자 하는 할 일 목록을 삭제해봅니다.

❹ 마지막으로 불필요한 상수 items를 삭제합니다.

```
// TodoListPage의 State 클래스
class _TodoListPageState extends State<TodoListPage> {
  // 할 일을 목록을 저장할 리스트
  final _items = <Todo>[];
```

이것으로 할 일 관리 앱을 완성했습니다. 클라우드 DB에 데이터를 저장하는 할 일 관리 앱을 작성해보면서 파이어베이스의 Firestore와도 친숙해졌을 겁니다.

이 장에서는 간단한 사용법 위주로 예제를 구성했습니다. Firestore에 대한 더 많은 정보는 다음 링크를 참고하기 바랍니다.

• pub.dev/packages/cloud_firestore

11.5 마치며

이 장에서는 클라우드 DB를 활용한 할 일 관리 앱을 만들었습니다.

- 파이어베이스의 Firestore를 사용하면 쉽게 클라우드 DB를 사용할 수 있습니다.
- Firestore는 실시간으로 데이터를 읽어올 수 있는 스트림을 제공합니다.
- 스트림과 StreamBuilder를 사용하면 자동으로 실시간으로 DB의 내용을 표시할 수 있습니다.
- 안드로이드에서 메서드 개수 제한을 피하려면 minSdkVersion을 21 이상으로 설정합니다.

Index

Index

Index

Index